现代大学校长文丛

朱清时 主编
李传玺 执行主编

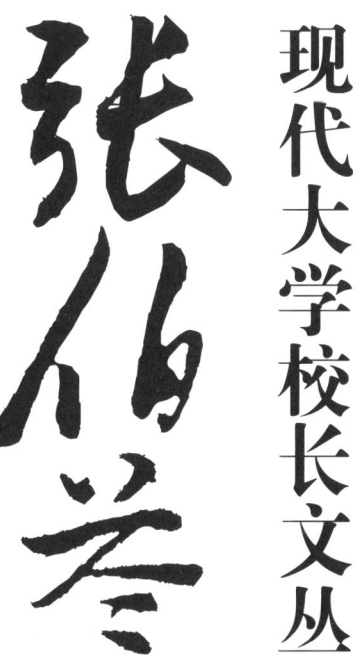
张伯苓 卷

杨波 刘炜茗 编

时代出版传媒股份有限公司
安徽教育出版社

图书在版编目（CIP）数据

现代大学校长文丛.张伯苓卷/杨波,刘炜茗著.
—合肥:安徽教育出版社,2015
ISBN 978-7-5336-8112-8

Ⅰ.①现… Ⅱ.①杨…②刘… Ⅲ.①高等教育—中国—文集 Ⅳ.①G649.2-53

中国版本图书馆 CIP 数据核字（2015）第 210998 号

现代大学校长文丛·张伯苓卷
XIANDAI DAXUE XIAOZHANG WENCONG ZHANG BOLING JUAN

出 版 人:郑 可
质量总监:张丹飞
策划统筹:王 骏 钱 江
责任编辑:丁昌龙
装帧设计:阮 娟
技术编辑:王 琳

出版发行:时代出版传媒股份有限公司 安徽教育出版社
地　　址:合肥市经开区繁华大道西路398号 邮编:230601
网　　址:http://www.ahep.com.cn
营销电话:(0551)63683011,63683013
排　　版:安徽创艺彩色制版有限责任公司
印　　刷:合肥创新印务有限责任公司

开　　本:720×960 1/16
印　　张:17
字　　数:250千字
版　　次:2015年11月第1版 2015年11月第1次印刷
定　　价:32.00元

（如发现印装质量问题,影响阅读,请与本社营销部联系调换）

总　序

一

　　我们似乎不应该忘记一个日子。清光绪二十四年(1898)八月初六,那是一个血雨腥风的日子,戊戌变法失败了。一边是慈禧再度"训政",一边是废黜光绪,废除新政,对倡导变法维新人士进行大搜捕、大屠杀。其中独有一项"成果"经过一个老人的巧妙运作保留了下来,那人是时任管学大臣的孙家鼐,那"成果"便是京师大学堂。

　　也许是经过变法者心血与鲜血的滋润,这粒中国现代教育的种子开始了它的倔强生长。

　　至1949年,中国现代教育体系包括大学教育体系以及它的格局、架构已基本形成。

　　由此,人们常常发问:

　　那是一段什么样的历史时期,朝代更迭,袁氏复辟,走马灯式的北洋政府;军阀割据,连年混战,人民水深火热几不聊生;外敌入侵,十四年抗战,虽取得胜利,接踵的又是国共内战。如此时空背景,常常使课堂里放不下一张平静的书桌。可就是在这样的时代氛围中,中国现代大学教育却能够生长,且健全了各门类基础学科,诞生了一批名校,培养出了惠及后世的大量杰出人才,在教学相长过程中走出了大批大师级的教育家、科学家、思想家。为什么?

钱学森先生曾这样发问。

每个人一说到中国现代大学教育时,总会想到蔡元培先生,总会想到西南联大,更会这样发问。

二

2010年3月14日下午,首都机场。全国两会结束,各地的政协委员返程。全国政协委员,曾任中国科技大学校长,现任南方科技大学校长的朱清时先生正坐在过道边的椅子上。那段时间,他是热门人物,一直被媒体包围着,此刻他好像很累很疲倦,但仍有记者不停地同他说着教育的热点话题。作为安徽政协委员向中央报送信息的联络员李传玺也站在旁边听,并不时对朱清时先生切中肯綮的评论报以由衷的赞美。

"你是哪家报社的?"朱校长问李传玺。

《江淮时报》副总编常河先生站在旁边,向朱校长介绍了李。

"噢,你研究胡适啊,我对30年代那批大师,尤其是那批大师级的教育家非常佩服。"

这句话也埋下了一粒种子。

2012年初,时在安徽教育出版社就职的王骏先生询问李传玺,今年有没有好的选题。

李传玺的脑子里突然闪现出了在首都机场与朱清时校长谈话的画面,以及朱先生最后的那句话。何不请朱清时先生担纲编选一套民国大学校长文丛?王骏向社领导做了汇报,很快得到了同意。可朱清时校长能同意么?初春的一个下午,李传玺拨通了朱清时校长的电话,虽然天气不热,却紧张得一手心汗。没想到朱校长听完了介绍后,欣然同意。

于是有了现在呈现在大家面前的这套书。

三

让我们倾听一下那些大师们的声音。声音都不是那种激昂慷慨式的,很平和,却更入灵魂。

蔡元培先生:"对于各家学说,依各国大学通例,循思想自由原则,兼容并包。无论何种学派,苟其言之成理,持之有故,尚不达自然淘汰之运命,即使彼此相反,也听他们自由发展。"

张伯苓先生:"允公允能,日新月异","允公是大公,而不是小公,小公只不过是本位主义而已,算不得什么公了。惟其允公,才能高瞻远瞩,正己教人,发扬集体的爱国思想,消灭自私的本位主义","允能者,是要做到最能,要建设现代化国家,要有现代化的科学才能……不仅要求具备现代化的理论才能,而且要具有实际工作的能力"。

蒋梦麟先生:"大学者,为研究高等学科而设","学校之惟一生命在学术事业","研究学术而有所顾忌,则真理不明","畀以学术自由之权,所以求思想与学术自由之发展,不受外力阻挠也"。

梅贻琦先生:"所谓大学者,非谓有大楼之谓也,有大师之谓也。""新民之大业,非旦夕可期也,既非旦夕可期,则与此种事业最有关系之大学教育,与从事于此种教育之人,其所以自处之地位,势不能不超越几分现实;其注意之所集中,势不能为一时一地之所限止;其所期望之成就,势不能为若干可以计日而待之近功。"

胡适先生:"学术的发达,人才是第一要件。我们必须集中第一流的人才,替他们造成最适宜的工作条件,使他们可以自己做研究,使他们可以替全国训练将来的师资和工作人员","只有在自由独立原则之下,才能有高价值的创造","'自由'是学校给予师生的,'独立'则为创造的"。

竺可桢先生:"科学精神就是求真,要'只问是非,不计利害'。这就是说,只求真理,不管个人的利害","求是的路径,《中庸》说得最好,就是'博学之,审问之,慎思之,明辨之,笃行之'。单是博学、审问还不够,必须审思熟虑,自出心裁,独著只眼,来研辨是非得失"。
......

  不需要再引了,读着这些话,如果你是一个教育工作者,也许自会得出本文开篇所提疑问的答案。即使不是,你也会强烈感受到一个真正教育家的教育胸怀。此书还选收了大量大师们其他方面的论文甚至美文,任何一个读者都可以从中充分领略到大师们多面的风采。

李传玺
2015年3月

目 录

1	致严修
3	我的宗教信仰
6	教育家之机会
8	教育兴,青年立,中国新
10	开学训词
11	南开之教育宗旨及其他
14	谈戒赌
16	舞台、学校与世界
18	体育与竞争
21	诚为一切道德事业之本源
23	预算与秩序
27	欲强中国,端赖新少年
29	爱国心
31	拟向社风社社员演说大旨
32	吾之救国药
35	进德修业,虚心为本
36	虚心与礼节
37	谈爱国
39	今日中国第一要策
41	毕业赠言
43	国家万一之希望
44	色欲问题
46	悼念张诗岑先生
47	旧中国之新希望与旧南开之新责任
50	中国真正之砥柱

53	第三届远东运动会归来感言
56	南开精神不可变
59	中国教育之需要与目的
61	访美杂感
65	以社会之进步为教育之目的
67	教育为终身事业
69	学校的意思
72	做事之方法
74	本校教育政策
76	仔细思想
78	学校的精神
79	在南开学校全体教职员会上的开会词
81	小团体的作用
83	暑假作业
86	对南开出版部的希望
87	南开大学之动机
90	南开学校的公共目的
91	本学期之改革
92	办大学之目的
93	吾人抱同一之目的
94	中国将来之希望
96	袁太夫人追悼会致词
98	中国近日现状
99	奠基的意义
101	最近的时局和我的希望
102	南开继续进步
103	改造南开
105	开诚布公,根本改良
106	时局诸问题

108	污水坑与兴实业
110	青年的择业、婚姻和信仰
111	择交之道
113	校内校外
115	五七国耻日感言
117	运动会与责任心
119	南开之教育方针
121	当前的教育与南开的训练方针
123	中国革命与改造及吾人今后之机会与责任
125	学校如一小试验场
126	发刊词
127	在南开学校庆祝二十周年游艺会上的讲话
128	南开经济问题
130	改造中国之根本办法
132	大学风潮与师生合作
135	在南开学校追悼孙中山先生大会上的讲话
136	奋斗即是生活的方法
139	基督教与爱国
142	人格·实业·政治
145	学行合一
148	社会调查的目的
150	今后南开的新使命
153	学校是大家的学校
159	旅英讲话
161	欧美考察之观感
166	进步与务实

168	为范孙楼奠基致词
169	在校友秋宴会上的讲话
170	放眼世界,脚踏实地
171	德智体三事为自立基础
172	我之教育目的
173	新生活运动
175	赠毕业同学
176	南开的目的与南开的精神
182	吾人应有之认识与努力
189	团结与民族存亡
194	结婚四十年自述
198	对于南开校友的展望——燃起复兴民族之火
201	三个问题
205	认识环境,努力干去
210	我们要振作起来
217	南开的精神愈益奋励
218	在武汉南开校友公宴会上的演词
220	致全国南开校友电
221	苦干,硬干,努力不息
222	在武汉南开校友欢迎会上的讲话
223	武汉归来
225	演剧与做人
227	致黄钰生
229	嘉陵江畔话南开
231	在重庆南开中学纪念俄国十月革命二十二周年大会上的训词
232	致蒋梦麟、梅贻琦
233	四十年南开学校之回顾

248　致杨石先
249　致蒋介石
250　南开学校未来之计划
251　三件事
252　中国前途极为光明
253　民主政治与南开的韧性和公能精神
255　世界·中国·南开
257　致张彭春
259　致商震
260　遗嘱

致严修①

(1904年9月3日)

范孙姻丈大人阁下：

启者，前议假贵馆创办中学堂一事，于二十三日午后，集王②、严两馆之生徒汇商，陈蔗君③与焉。大旨与前所商者相同。是晚蔗君与林④、卞⑤两先生谈及此事。两先生皆以为学费宜增至三元，并须奏官立案，给以出身，庶募集较易，学生亦不致半途他就等语。二十四日午前，蔗君来馆述林、卞两君之言。寿念诸君所言不为无见，因集诸生汇商，又检《奏定中学堂章程》，细心披阅，所载课程与初议无大出入，拟即遵照《奏定章程》，学期改为五年。查《奏定章程》第一章第四节载云：集自公款名为公立中学，一人出资名为私立中学。吾人所创之学堂究竟以何名称为宜，请酌示。寿粗拟简章五则，请垂察（外单誊呈）。至教员一节，查《奏定任用教员章程》云：可择学科程度相当之华员充之，云云。至贵府捐助经费，例应出名，应如何写法亦祈示之。再，刻下西教员尚未延定。请松长先生一节，不日当同约敏⑥访藤井⑦君，祈

---

① 严修(1860—1929)，字范孙。近代著名教育家，南开校父。
② 指王奎章，盐商，出身天津八大家之一的益德王家。
③ 指陈哲甫(1867—1948)，名恩荣，亦字蔗圃，以字行。近代教育家。
④ 指林墨青(1862—1933)，名兆翰，以字行。近代教育家。
⑤ 系天津乡祠卞氏家族中人，卞氏三代热心助学。此处似指卞禹昌(赓言)而言。
⑥ 即严智惺(1883—1913)，严修侄，南开中学数学教员。
⑦ 似指藤井恒久，北洋工艺学堂教务长。

其代为延聘。体操教习，俟当函达。旷生①、吴子洲②兄，每早可匀挪两小时（八至十），请函商徐朴安君。是所至祷。此请

体安

张寿春　顿首
七月二十四日

（据《近代天津图志》，天津古籍出版社1992年）

---

① 即高旷生。
② 亦作吴芷洲，天津最早的画报《醒俗画报》的创办人。

我的宗教信仰①

(1909年7月20日)

某少负不羁，父老见之者，辄目为聪颖。以此自恃，每与人谈论，必多方辩驳。举一切神道佛仙，皆不折服，遂渐成一玩世之人。此二十岁以前之事，而放肆可知。然据一己之思想，人之生必非偶然而来，故未免自用。至二十三岁，从严范孙先生游。严先生为人甚道学，闻余所谈，颇不以为是。尝谓余曰：子之言皆不着服语也，以太直率无文故云。盖某固直情径行，言论所及，求诸人世，有万万不能行者，遂渐生一厌世之心。幸尚未入世俗名利之圈内，迷途未远。然尝细心体会，人在世间，无非生老病死，古今一辙。言念及此，遂厌世之极，甚有愿绝人间传种之意，自亦不解其谬。有时研究心理学，而心理学不足为我之乐；讲求明学四书，而明学四书不足慰我之心。世俗既非所好，家庭之乐亦不足以解我厌世之思想。

数年（六年）前，已与青年会②总干事格林先生相识（入格林先生之查经班），谈及基督教新旧二约。窃以为浅薄无味（视华文《圣经》笔意太劣）。其他宗教家者向余谈道，余亦不信，更以各种言语诘之，多方问难。方寸中有一无神之见存，妄揣如果有神，何不灭绝魔鬼，免其扰世害人，古时奇迹，何不有于今日，使我见而信之。即读英文《圣经》亦不得其意旨。

迨监督私立第一中学时（堂中英文教员，初由青年会中担任，后亦

---

① 本文原题《张伯苓先生自述信道之理由》，今题为编者拟改。
② 指天津基督教青年会。下文提及之格林（Robert Gailey）、饶柏森（Clarence Robertson）、郝瑞满（Raymond Hall），系该会美籍干事。

由之延聘），与饶柏森君往还，并请郝君瑞满同在敝学堂助教，相劝而善。初仅佩服其学问，若论道德，终疑其不及中华，然往往动于其言之有力。此时之张伯苓，仍系好高欲强。譬如做一事，为人所难能者，而己独任之，究则事未就而心已灰。因见青年会诸君，孜孜矻矻，乐善不倦，遂叩其为善之目的。彼云为求上帝喜悦。余则曰：此犹有邀福之意也，孰若无所为而为善者之光明正大，不较宗教尤高一层乎？然自揣名利不足以缚我心身，名利之外所愿成就之事，每至有初鲜终，缺少坚忍之力。他人亦然。盖欲修善德，其境极苦，独力不支，必至中止（丁未之春，先生得伤寒症，养病于医院内，饶君与其余诸君，时时访问之，君好读科学书）。嗣得饶柏森先生赠以《事物原理》一册，系美国大学校长海得所著，以哲理统全世界之事物而发明之。其书颇佳。余虽乐看是书，究不信夫教理（是时先生又看《耶稣传》一书）。伏前为学台派赴渔业博览会，借资游历。因就格林先生处咨访一切。格公复以道理相劝，倾谈者久之，意犹未决。伏假中随格饶二君往北戴河小住一星期，远避尘嚣，静养脑力。乘暇翻阅《圣经》，潜心默会，冀得了悟。旋津之前一日，往别诸君，勉从诸君祈祷。余亦自祷曰：上帝如能使我明道，必信服，且愿遍传中国，劝人尽知有上帝。此语近虚而确系实意。自一祷之后，颇有感动，心中愉快异常。自此恍然大悟，实觉今是昨非，愿将一己之身心，全付之上帝而始妥。无怪泰西各国生理法政天算格物诸科学，著名博士毕生研究，莫能出此范围，违道断难自圆其说。盖身心灵三者合为一完人，分言之，各有其妙用。譬如持重须用身力，欲以思想代之不可；演算须用心力，若以运动代之不能。进而上之推论纯灵之上帝，应以灵以诚对越之，自然之理也。彼徒恃脑力，浅近之思想囿于耳闻目见之迹者，乌足以测其神妙。归途兴会淋漓，思若泉涌，想尽人皆有至宝之灵性，可以对越上帝，不善用之，殊为可惜。诚能以信仰之心祈祷，则必屏除私智，广收佳果。

某今者每日早晚祈祷两次，所得效验，可举五要征之：一、心中之平安如操左券；二、能知己过，毫无遁情；三、读《天道经》，渐觉有味；四、如获重生，觉有神力之助，能胜物欲，曩者有志未逮者，今竟改良自新矣;五、信有永生,所谓永生者,关于属灵之世界,其幸福无穷不在世界饮食之乐,居处之安也。令我信依盼望最有价值者即永生。吾人同具灵明,即皆有得永生之资格,甚愿人人能得此福乐安平;如其不得,可惜孰甚焉!然而求则得之,不求则不得也。天下事未有无因而至者,永生何独不然。方之人欲渡河,必经板桥,犹疑生畏,难登彼岸;若勇往直前,则为过来人,乃知无非如此,并无险也。余为斯言,并非欺人,亦非因脑筋伤暑,侈口妄谈。实缘在有全能全知之主宰,以宗教普度斯人。故不敢徘徊于玩世派中,且深信重生之奥义,及将来永生之希望,亦不敢流连于厌世派中。盖玩世之张伯苓,一变而为厌世之张伯苓,再变而为乐天之张伯苓矣!由是静观自得,对于家庭、州里、蛮貊,无往而非乐境,一心向道,谓之有我可,谓之无我亦可。惟期以身心全献之上帝,待上帝复赐以新灵,则我始见真我也。

某宗耶稣日浅,非敢有所宣讲。兹仅据己之实验,来相印证。诸君其谅之。

(载南开《青年报》第1期)

教育家之机会①

(1912年7月12日)

诸君伏处校中，研究各种科学，犹以显微镜观景物，片段的而非联贯的，枝枝节节，茫无头绪。今来此地，骤觉耳目一新，局面为之扩张。是犹以千里镜观景物，气象万千，直将一览无余矣。兹会既曰择业，顾名思义，殊有讨论之价值。天下事千端万绪，不一其途。吾人欲取其一，而任之终身，苟非先事绸缪，操之有素，则一旦出而问世，难免盲人瞎马之诮。是择业一事，洵为诸君今日唯一之要务，不得视为缓图而忽之也。顾择业略分二种：一视其利于己者而择之，一视其合于己者而择之。择其利于己者，则一切名利、权势、荣耀、富贵萦绕盘结于胸中，希冀非分，侥幸万一。人欲炽而天理没，非徒无益而又害之。前总统袁氏，适为最好证佐。以彼之雄才大略，尚不克底于有成。矧吾辈之才智，尚不及若人乎？诸君既有鉴夫此而不为，盍择其合于己者而预备之。事业纷纭，难以枚举，教育其一端也。我国矿产丰富，采而致之，富强可待。然吾国人群几占世界三分之一，其脑中之蕴藏，拱璧至宝，类不胜收，是亦在开之凿之而已。故教育家之发达人群，犹矿师之开采矿产也。且教育家非必有奇技异能，使受教者胥就我范围也。人之发育有如葡萄之攀缘，顺其性之自然。教育家之施教育，亦曰顺其自然之性而已。欲顺其自然之性，必先知受教者之心理、能力及缺点，善者发达之，缺者弥补之。若此方能使之感化。不然，直一机械教师而已，何足贵哉！

---

① 本文系张伯苓在青年会举办的华北夏令会上所作演讲。

今人对于世界,多抱种种悲观。惟教育家恒抱乐观,以为苟得天下之英才而教育之,前途之希望,实未可限量。教育之大方针约有三:一、须培养少年人之习惯;二、一国中立若干大学出其风尚,以感化社会;三、教育与宗教相辅而行。三者虽相提并论,要以末项尤为当务之急。诸君而果有志于斯,则当此千载一时之良机,不可不译为筹划,而预决定之。他日揣摩有成,淑世本诸淑身,独善且能兼善,吾国前途庶几有豸为。总之,诸君无论择何事业,须具有二种观念:一曰对于上帝之观念,一曰对于国家之观念。有此二种观念,方能择业,方能期其事之有成。

吾作此言,非敢定诸君之志,不过引诸君之思索而已。

(载南开《青年》第1期)

教育兴，青年立，中国新①

(1914年4月29日)

余今所欲言者，为最要事，诸生其注意。近日屡感触于社会之恶习，益觉中国前途之可惧。夫中国当此千钧一发之秋，所恃者果何？在恃教育青年耳。教育一事非独使学生读书习字而已，尤要在造成完全人格，三育并进而不偏废。故凡为教育家者，皆希望世界改良，人类进步；抱不足之心，求美满之效。我国当教育青年之任者，诚能实行若此，则中国或可补救于万一。兴思及此，不禁深喜，及觇社会之现状，虽一则以喜，又不禁一则以惧。先以为教育兴，青年立，必能将社会渐渐改良，转危为安，故喜。更观社会腐败之现状，每况愈下，流连忘返者，比比皆是，又不禁肃然为之惧。此种现象不独中下社会为然，即上等社会，甚至做教育界之领袖者，亦陷于恶习之旋涡中，随波逐流。此等社会何时始能望其改良！如谓长此以往，不求进步，终日悠悠，忽有一日人皆醒曰，当改良国家，进步社会，考已往，测将来，吾知其梦也。更观政府以命令禁止恶习，虽有长篇大论，严词苛法，亦言者谆谆，而听者藐藐，于事乎何济？自鼎革而后，所改者有用无用之名词，实事之增加者，社会中之嫖赌是也。即以赌言，打牌者，昔时南方仅有之，渐至北方，今则全国上下不谋而合。中人以上之家，无不备之，而更妓馆花酒所在皆是。使青年目夺神迷不为颠倒者，百不见一焉！吾常闻人曰，南开学生多自美，吾诚不解。若以我为南开学生即可自美，此等学生为学校之败类，校中去之；如曰人皆嫖赌，我独特立为自美，吾欲此

---

① 本文系张伯苓在南开学校修身班上所作演讲，由孤竹野人笔录。题目为编者所拟。

等人愈多愈好。亡国者何？亡其魂也，奚必列强之分裂割据而后然？中国人现时大多数丧其魂矣。淫佚放荡，日趋日下，有今日无明日。青年处此，不大可危乎？故美国学校多令年长生友年幼生，扶之助之，使自立，愿诸生履行之。此谓汝等自为可谓为南开学校所为，亦可即谓之救国救世，亦莫不可。青年有事占其身则快乐，暇时则将受外界引诱之苦矣！故余每救人借以自救。吾国居上等者皆嫖赌，下等反无之，以道德论，上等较逊矣。然而国家所恃者非下等，上等又腐败，而欲国之不亡乎？更观中国之留学生回国后，亦与恶习随波逐流，非但不知羞恶，反饰之曰：中国不若外国之有音乐队、俱乐部等足资消遣，则嫖赌未为不可也。呜呼！国家所以派留学生果何为者？社会腐败当改革之，公众利益当提倡之，如亦随波逐流，国家又焉用断送金钱以造人才哉！吾常云：三人相聚，而不能乐者，非愚则死。如必嫖赌乃可为乐，其必无心肝，直死人之不若耳！汝等青年自少时练习正当快乐，则一生受其益。今而后遇罪恶排斥之，宁使彼说我美，勿令众笑我弱。际此国家未亡时，大声疾呼，或可补救于万一耳。

（载《敬业》第 1 期）

开学训词①

(1915年1月11日)

夫春为一岁之首,今日又为一学期之首,正百事实行之首日。生等既秉家训,负笈而来,即当殷勤向学,勿使半途而废,有违初志。况造就不克成材之学生,亦非司教育者之希望也。且生等宜自思:应发奋自励以日新乎,抑随流逐波以自弃乎?孜孜矻矻以进三育乎,抑优优游游以消光阴乎?锻炼身心以图强乎,抑饱食终日无所用其心乎?所是所非,故明了易见,然切不可因其易而存疏忽之心也。

(摘自周恩来作文《本校始业式》,载《周恩来早期文集》,南开大学出版社1993年)

---

① 本文系张伯苓在南开中学1915年春季始业式上的讲话,由周恩来笔录。题目为编者所拟。

南开之教育宗旨及其他①

(1916年1月19日)

一、南开学校教育宗旨及其教授管理之方法

凡事必有一定宗旨，然后纲举目张，左右逢源。本校教育宗旨，系造就学生将来能通力合作，互相扶持，成为活泼勤奋、自治治人之一般人才。英语所谓 co-operative human being 者是也。欲达此目的，不可不有适宜之办法。前山东师范生来本校参观，在思敏室茶话，席间有以本校教授管理之方法相询者。余当时曾设譬答之，谓如幼稚园之幼稚生然，唱歌时每须举动其手足，为之保姆者，不过略一指点。其前列聪颖之幼稚生，立时领悟，余者即自知如法仿效，无须事事人人，皆须保姆为之也。本校教授管理亦无以异是，惟在引导学生之自动力而已。诸位先生倡之，老学生行之，新学生效之，无须个个提耳谆嘱也。而精神则在"诚"字、"真"字、"信"字。本校至今办理小有效果者，恃有此耳。诸生日日灌溉此精神之中，亦知之乎？汝等新来诸生，亦当如幼稚生之视其前列聪颖者之举动，而注目先来诸生之勤苦者之举动。特汝等现在程度，远非幼稚生之比，则努力进步，应亦较幼稚生为甚。如此做去，则九百余人之教授管理，殊易易也。

二、爱学校

人为万物之灵，而不能如草木之孤立为生。在昔原人时代，人之生也，只知有母，其后人类进步，而有父母兄弟。以中国习俗言，尚有祖父母、伯叔等等诸关系。此种组织 institution 是曰家庭。然家庭系

---

① 本文系张伯苓所作校长修身讲演，由孙繁霱笔录。题目为编者所拟。

血统的联属，自然相爱。再进，人不能不求知识，为涉世之预备，于是离家庭，入学校，等而上之为社会，为国家。凡在一种组织之中，则己身为一分子，member 一言一动莫不与全体有密切关系。对于社会国家，今姑勿论，而但言学校。学校系先生、学生与夫役三部所合成。其目的则造成德育、智育、体育完全发达，而能自治治人、通力合作之一般人才，以应时势之需要。诸生须知既为学校中之一分子，则汝实栖息于此全体之中。学校而良善，汝亦随之以受益；汝而良善，学校亦随之与有荣。反言之，学校而有缺点，汝亦不完；汝而有败行，学校亦玷污。利害相关，休戚与共。夫狭义之言学校，则课读而已；广义之言学校，则教之为人。何以为人？则第一当知爱国。今人莫知我国国民爱国心薄弱，欲他日爱国则现在宜爱校，既同处一校则相与关切至密，亦既言之矣！故须相爱，以相助相成，其理由至易明了。然则如何用其爱，第一对于人，有师长，有同学，有夫役。余不敢谓本校诸位先生如何特别优尚，惟余生平任事数校，求如本校诸位先生之一致、之认真、之热心，并以余暇竭力扶助学生诸般之自治事业，殆属绝无仅有。吾向以中国前途一线光明，舍振兴教育外无他术。今得如许同志协心同德，将来当不无成就也。诸生知有人敬爱汝，则汝必思厚报之。今诸生能敬爱诸位先生，则诸位先生亦自更加精神，以惠爱答之也。然教育非如贸易者，以一文之价来，必以一文之物去，硁硁然不肯溢利与我也。且师长对于学生，莫不勉力扶植之，而对于资质稍次者为尤甚，表面似恨之，其实则竭力成全如恐不及。诸生切勿误会此意，对师长要爱，对于同学尤要爱。诸生试思，在家兄弟最多六七人已不易得，今在学校则九百余众，是皆异姓兄弟也。在家兄弟少，在校兄弟多，则在校兄弟之乐，自亦较大于在家兄弟之乐也。且在校同学一语良言，其益往往过于师长终日强聒，盖相习既久，长短互现，无隔靴搔痒之谈，多对症下药之论，收效之易自无待言。交友不必酒食征逐，须择规过劝善之真能益我者。然语云：无友不如己者，西语亦有云：Birds of a feather flock together（喻人以类聚也）。优尚者与优尚者处，我虽欲得益友，奈益友之不以我为友。何曰此，惟在汝自处如何耳！汝日日进步,则益友不求自至矣!自爱爱人,人安得不汝爱乎?今再言夫役,余生平之仆役,自为学生至于今日,无一人不忠顺于我者,此何以故?无他,以人待之耳。世人往往以奴仆为次于平人一等,至目之为禽兽,随自己之喜怒以横虐之,不知彼亦人也。汝不以人待之,彼亦不以己为有人格,渐渐无所不为矣!尚欲其忠顺得乎?若能以严正驭之,而加以仁慈使知自爱,既知自爱,夫何不忠顺之有?以上言在学校对于人之爱,兹复言对于物之爱。爱物亦公德也。公德心之大者为爱国家,为爱世界。在校先能爱物,而后始可望扩而大之。至于国家、世界、校中桌椅,非汝之所有,亦非我之所有,推而至于书籍、图报、讲室、斋舍、食堂、厕所、球场,亦皆非汝与我之所专有,而为学校之所公有。我所有者不过其一分,一方面既为我之一分,则我之物我爱而保存之固宜,一方面为众人之所公有,则众人我所爱也。爱其人自亦不应毁其物,如偶或损坏,务要到会计室自行声明,照价赔偿,不可佯为不知。因微物有价而人品无价,毁物不偿所省有几,而汝之人品全失。失无价之人品,余有限之微资,勿乃自贬太甚乎?同学见有此等事,应为立即举发,因彼所毁之物亦有汝之一分也。然此物之有形者也,尚有无形者,为团体精神与全校名誉。本校出版之诸种报纸、杂志,如《校风》《敬业》《英文季报》及未出版之《励学》等,皆团体精神也。较物质百倍可贵,则维持之,发扬之,应尽其力之所能及。至于全校名誉,其良否皆与尔各个人有关(理详上),则尤所不可忽也。

(载《校风》第18期)

谈戒赌①

(1916年2月23日)

寒假在迩,诸生多将回家,归则易与社会相习染。近日世风不竞,邪辟是尚,至于赌博,尤奉为时髦。故临诸生之行,吾不能无言以戒。

夫人性好胜而多贪,少年尤甚。当闲暇无事或手中阔绰,则易感赌而成癖,故由元旦至元宵,青年坏去什九,直谓之赌博养成期可也。迨习惯既成,夜以继日,废寝忘餐而不肯舍。于是减食也,妨睡也,阻身体发育也,以至丧德败名,废业倾家,诸恶果随之以生。此后,居官则贪婪而枉法,就事则济私而忘公。其害如此,而一般人士犹沉迷其间,视为高雅,岂以其百害尚有一利乎?能增知识乎?能充精神乎?能致富兴家乎?抑以舍之而不能优游以乐于斯世乎?吾知其谬也。

我校期造完人,想诸生亦能恪守校规,不至有上述恶习。然一但离校归家,则吾恐随流扬波,或竟为社会所移易。诸生皆为有思想之青年,曷不于归家之前立志戒赌。于己则谨慎以防,于亲友则善言以劝,庶几正己正人,不负汝辈之青年,不污我校之名誉。虽然人性好动,少年时尤不喜静,故饱食终日无所用心,难矣之言,尝为癖赌者所借口,是以去消极须增积极,欲戒赌则须觅益事,益事不增,赌癖不易革也。校中寒假乐群会,于功课,于运动,于游戏,皆已筹备有条,不徒不虚掷时光,亦可得书外兴趣。若归家诸生能仿之以行,或散步谈心,或学新温故,则心旷神怡,乐而忘倦,无暇为赌魔所惑矣!果尔,则假后归来,虽未仅学课而所获之益,当有优于课堂者矣!

---

① 本文系张伯苓所作校长修身讲演,由杨德勋笔录。题目为编者所拟。

勿畏难,勿自轻,须知欲做一分事须受一分苦,诸生非欲勉为新世界之主人翁乎？所谓主人翁者,须忧社会之忧,急社会之急,而非若奴隶辈之惛惛憒憒可得而放弃责任也。欲不放弃责任则自戒赌始。

(载《校风》第 19 期)

舞台、学校与世界①

（1916年3月1日）

寒假中，本校演《华娥传》新剧时，余向来宾演说，谓我校师生于演该剧时，固活泼泼地各尽其态，及开学后则各事其事，放纵毫无，盖一演舞台之戏剧，一演学校之戏剧，各求其妙，而不相淆也云云。余今日就此数语申言之。

昔英国文豪莎士比亚（Shakespeare）有言曰：The world likes stage（意即世界一舞台也）。余谓学校亦一舞台也。故就舞台、学校、世界，依次论之。

一剧中角色有工拙之殊。工者类能于出场前静坐默思，揣摩完善，迨出场时胸有成竹，故言语姿态惟妙惟肖，受人欢迎。否则，临场草草从事，何能中肯，何能致胜哉！然此犹剧之小者也，大之则为一校之剧是。

夫一校犹一剧场，师生即其角色。Actors 其竭虑尽思，以求导人之道及自励之方。佳者，亦犹扮角之多为预备也。学生在校，不过数年，将来更至极大且久之舞台，则世界之剧是。

世界者，舞台之大者也。其间之君子、小人，与夫庸愚、英杰，即其剧中之角色也。欲为其优者、良者，须有预备。学校者，其预备场也。

以上三者，事殊而理一。其理甚浅，诸生想亦易辨。吾今不欲于此多费唇舌，惟愿诸生各自为谋，日求上进。则诸生可为新剧中之角

---

① 本文系张伯苓所作校长修身讲演，由蹇先达、杨德埙笔录。题目为编者所拟。

色,且可为学校中、世界中之角色矣。

(载《校风》第 20 期)

体育与竞争①

(1916 年 5 月 10 日)

我校运动会今已毕矣。余今日即借此题讲演,因此事近且亲切,当较讲数千年前之经传为有意味也。

德智体三育之中,我中国人所最缺者为体育。欧美之道德多高尚,公德与私德并重。我国人素重私德,而于公德则多疏忽,近则于公德亦渐知讲求矣。欧美人之知识发达,学术皆按科学之理得来。我国人固望尘莫及,然其学术发达之年代尚不为久,我国人竭力追之,犹可及也。至体魄,则勿论欧美,与日本人较,已相差远矣!

去岁,袁观澜②先生观天津联合运动会,甚以为善,在教育部中竭力提倡课外运动,良以中国人之身体软弱以读书人为甚,往昔之宽袍大袖者皆读书人也。今日学校生徒,若非提倡运动,其软弱亦犹昔耳。

我校运动会取普及主义。近两年来改计分法,上场人甚多,而成绩亦美。今年有数门之成绩尚较去岁华北运动会为优者,可见竞争之效也。

此次运动会,有新学生数人进步甚速,而旧学生反有失败者,此因其自满与不自满之故耳。凡人做事切忌自满。自满者做事不成功之兆也。汝等不可自满,生存一日,即应求一日之进步。

竞争时,或因好胜之心过大,而不免有不正当之举动,此最宜切戒者也。即使用不正当之法,幸能胜人,而于道德已有碍矣。大凡有真

---

① 本文系张伯苓所作校长修身讲演,由陈裕祺笔录。题目为编者所拟。
② 即袁希涛(1866—1930),近代教育家,同济大学第五任校长。

才能者，必不肯用不正当之法以求胜人，如郭毓彬①赛跑，纯恃其双足之力致胜。唐人咏虢国夫人诗云："却嫌脂粉污颜色，淡扫蛾眉朝至尊。"貌美者，不借修饰也。某女校禁止学生修饰，某生不从，修饰甚力，问之则曰：吾貌陋，非修饰不足以掩丑也。然不自知愈修饰愈见其丑也。运动者而求以不正当之法胜人，必其自无才能，亦彼女生之类也。

有几班跃高，好择竿之弯者而用之，曰以前某班即如此也。噫！是何言欤？在校见他人用弯竿，已遂效之，而不问用弯竿之正当否也，则他日出学校入社会，人皆用弯竿，尚能望其独用直竿也乎？曰人用弯竿，而我用直竿，我岂非傻哉？曰：然。欲成事者，须带有三分傻气。人惟有所不为也，而后可以有为。不问事之当否，而人为亦为，滔滔者皆是也。汝等若亦知此得处之道，则可出校入今之社会矣。见他人用弯竿，而已遂效之，此种事所谓引诱也，当力绝之。且夫用弯竿之易于多得分数，不难明也，虽小儿亦皆知之。汝用弯竿，人岂遂谓汝智乎！亦缺三分傻气已耳。

凡欺人者，即幸能欺其所欺之人，亦必失信于其旁观者，自损名誉，难逃人眼。若二人合谋欺一人者，其后必自相争，虽一时巧弄谲诈，使人莫我知，终亦未有不声闻于外者。林肯有云："虚诈可欺少数人而不能欺全世界，可欺人于一时而不能欺人于永久。"其言信然。虚诈之事，一旦发露，人将群起而攻之，可不惧哉！人思至此而犹不急退自返者，是在知识为不足，在道德为软弱也。

人人具好争心。教育家善导之，使趋于正，则所争无往而非善也。苟一不慎，而稍事放任，则所争易出规矩之外。本校开运动会时，各班皆力争第一，宜也。然二十余班，不能皆得第一，终必有失败者。失败之后，尤须加意练习，毋得因是沮丧也。西人有言：为赢易，为输难。输非难也，输而能不自馁，不尤人，斯难耳。凡成事者，中途必受折磨，须胜过此种阻力，不因失败而灰心，而后始有成功之一日。此种精神，

---

① 郭毓彬（1892—1981），南开学生，1915年第二届远东运动会中长跑冠军。

为中国少年人所最要者,汝等共勉之。

此次运动会计分新章,不完全之处甚多,如各班分数,均以人数平均。是于学生告假多之班,甚不利焉。后当重修订之。告假至若干日以上,则不计其分。

(载《校风》第30、31期)

诚为一切道德事业之本源①

(1916年6月28日)

二年前，由他校并入本校生徒共四班，四班中以此次毕业诸君结果为最良善。今兹言别，不禁黯然。每星期三辄与诸君谈，然则余所奉劝于诸君者，诸君闻之熟矣。但此次为最后致辞于诸君之日，斯不能不举其较大而易识者，为诸君将来出校做事的基本。

我所望于诸君牢记而守之终身焉者无它，"诚"之一字而已。即现在座而非毕业生之诸位来宾与在校学生，亦甚望有以共体吾言也。就现在时局而言，袁前总统办事富于魄力，因应机警，即外人亦啧啧称道，然而一败涂地。其终也，纵极相亲相善之僚友亦皆不能相信，不诚焉耳。以袁一世之雄，不诚且不能善其后，况不如袁者。此吾少年最宜猛省者也。黎今总统才略不如袁，而即位旬日，全国有统一之势，恃诚焉耳！一以诚成，一以不诚败，而事实昭然。皆诸君所共闻共见，当不以所言为太迂远。盖权术可以欺一时一世，而不能欺世界至万世。不诚者，未有能久而不败也。用权而偶济，用诚岂不所济更大更远！中国近来最大患，即事事好用手段，用手段为行权术也。权术遍大地，而中原人格堕。一种人而无人格，与无此种人同。然则不诚之弊极足以灭种亡国。如此言富强岂非缘木求鱼之道乎？可不戒哉！是故"诚"之一字，为一切道德事业之本源。吾人前途进取应一以是为标准。事出于诚，即无不成；偶败，亦必有恢复之一日。聪明人每好取

---

① 本文系张伯苓在南开中学第八次毕业式上的讲话，由孔繁霱笔录。题目为编者所拟。

巧,取巧而得巧,则处处思取巧,终至弄巧成拙,聪明反被聪明误,事后悔恨已无及矣!望诸君明征学理,细味不诚无物之言;近按时人,详察一成一败之故,既深知之,即力行之。

然则此后与诸君天涯海角,貌则离矣;意气相投,神则合也。言尽于此,奋尔鹏程。

(载《校风》第 36 期)

预算与秩序①

(1916年8月23日)

吾人对此起首之时应作如何思想？吾尝思之，于四书中得数语焉，曰："凡事豫则立，不豫则废。言前定则不跲，事前定则不困，行前定则不疚，道前定则不穷。"②诸生于个人之学业，开学前曾预思之否？当夫中日之战，日本得胜，及日俄之战，日本又胜，胡为而分胜败？盖一则于事前筹划尽致，一则临时仓促，其胜败之机不俟战后而可立判，此其一例耳。推而演之，何事非然。诸生非小学生，有脑筋，能思想，即宜各就自己现状预为思之。语云：尽人事，听天命。盖世界上最易失败者，即毫无思想之人类。预算者虽未必尽能成功，然不预算者之失败无俟龟卜。今就诸生应预算者略为计之，优等学生闻而行之，劣者遗忘之，善者或能因吾说而进一步思焉，是在各人之自省已。

一、对于课程之预算。第一，勿旷课。人生最不幸者，即求学期中发生疾病，因而误课是也。疾病之缠身，匪惟书不克读，即寻常治事，亦无精神以副之。青春几何？设使大好光阴，尽消磨于病中，其困苦为何如耶？第二，每日之课程应温习完毕。读书之秘诀，曰时时温习。今日所授之课程，今日温习之；本星期所授之课程，本星期温习之。日日无压积，则对于课程觉有余裕，而自能时时复习矣。一日之光阴，恰如银洋若干元，设吾人数元在握，必预思此元何用，彼元何用，一日光阴何莫不然。宜预思此时做何事，彼时做何事，每日各事做成。一好

---

① 本文系张伯苓所作修身班校长讲演，由常策欧笔录。题目为编者所拟。
② 语出《中庸》。

习惯,即将来之一好人格,一有用之学生。第三,宜择自己较弱之课程而补习之。中学课程为普通学科,人生不可少之知识,退而处世应用,进而求学专门,非有中学之普通学科基础,断无成效可言,则学生之对于各种有求全之必要矣!

二、对于体育。体育一科现时急宜注意。体育发达非啻身体之强健已也,且与各事均有连带之关系。读书佳者宜有健全身体,道德高者宜有健全身体。其练习之方法,正课则有体操、徒手体操,余如各种运动,庭球、筐球、足球等,器械运动,如秋千、天桥、手桥、木马、平台等。个人宜择性之所好者一二种定时练习。二则卫生应加检点,而实行一端,尤为重要。如上期全大夫所讲卫生诸事,均宜按法行之,不可稍忽。卫生之中饮食最为重要,人当少年时胃口发达,所食反较成人为多,因食物非仅供其身体之需用,且资助其身体之发达也。而普通少年,大半以其胃口之发达,遂随意进食,毫无节制,乃伏后日生病之机。即以余为例,少年时曾信口乱食,今则胃中受病,消化不良矣!诸生宜鉴此实例,幸勿谓吾未身受,遂不加检点也。人所最难行之事即为制欲,是盖天地间之固然。卫生之道,非仅对于全体,即一部分之病亦不可稍忽。设耳、眼之一部受伤,全体功用因之失效。某君曾演说一最恰之比例云:长铁环一,下系重物,一环损伤,全体坠矣!盖身体各部虽各营独立之功用,而对于其余则有相互之关系及于全身。再则恶习宜戒除也,烟酒等习为青年最易犯者。今日为本学年之始,诸生青年为一生之始,自今日起,斩除恶习根株,与之博战奋斗,易事耳?人生惟患不立志,语云"有志者事竟成",诸生其三复斯言。

三、对于各事之进行。本校于课程外组织各种学会团体,以为学生练习做事之资助。有种学生做事虽善,然所担任者太多,以致误其课程,此大非也;又有学生专事读书,日夜埋首,除课程以外之事,毫不过问,此又非也。诸生今日之服务于各会,即练习将来做事之基础。若徒谓吾来求学,只知读书,其奈闭门造车出户反辙何?总言之,宜使课程与做事互相调和,勿使有过长、过短之处斯可耳。

四、对于经济之预算。吾尝闻人谓本校为贵胄学校,此语诚非过当。本校人数众多，纨绔子弟自属不少，衣锦绣，食膏粱，骄奢性成，任意挥霍，惟知金钱之任吾需用，而不一念其祖父创业之艰。须知学生时代为受熏陶锻炼时代，而非享安逸时代，此时作成节俭习惯，则异日任处何境，自无不能忍受之意矣！校中如膳制甲等外别立乙等，以为学生节俭之助，行后颇著成效。其余凡可减省者则减省之，勿谓吾有祖父资助，而毫不节制也。凡上述，皆学生生活事务，而决不可不预算者。诸生来此求学，更何能冒然前行，而于己身各事毫不思索？今日预定前程，努力实行，何患乎学之不成，业之不就耶？有志诸生宜知省矣。

本校数年来增长颇速，计初成立时教员学生共六十余人，迄今有二十载，而职教员已胜昔日全校人数，学生且二十倍于前焉！此数年内之增长，殆如十五六岁之童子，身体正当发育，速度极高，而其中则不免有一部过长、过弱之处，因之颇不类人形，及过此时期，则发育完全而身体强健矣。故近数年来，本校之增长虽速，而于坚固一层尚觉稍差。本期之政策，即关此的去作，使各事均有一定之秩序，英文 system 之意是也。黎大总统①就任之言，曰："将中国作成一法制国。"本校政策即将学校作成一法制学校，总不使一人之去留影响于全校，如古籍所云"人存政举，人亡政息"②之意，则可耳！各事既有秩序，则无论何人视事，均能依旧进步。其能力强者能扩充之，虽较弱者亦无退步之虞，使之坚固永久，斯本期之政策也。兹分述之如左：

一、校长之责任分担于校董。本校昔年曾请严范孙、卢木斋③、王益孙④三先生为校董。本期拟扩充校董人数。假中徐菊人⑤先生来本校参观，现时已请其担任此事，并蒙允诺。此外，拟再邀一二人任校董职，并实行参预本校重要事务。如此校董既负一分责任，则校长之责

---

① 即黎元洪(1864—1928)。
② 语出《中庸》，原作"其人存，则其政举；其人亡，则其政息"。
③ 即卢靖(1856—1948)，教育家，藏书家，南开校董。
④ 王益孙(1876—1930)，名锡瑛。王奎章子。
⑤ 即徐世昌(1855—1939)。

任减轻，而全校事务不致交于校长之一身矣！

二、校长之下分专门、中学二主任。本校近年发达称速，同时又创设专门科、师范班，故一切事务自倍于曩昔。自去岁已增中学主任，今复增专门部主任。以后凡属中学班各事可向中学主任询问，专门班各事则向专门部主任交涉。斯权限分，而事易举。

三、校务分掌。职员中分管理、庶务、体育三课。各有课长、课员，其余各事并由诸教员帮助，分国文、英文、图书、学会、体育、学校卫生、音乐诸股，各司其职，各理其事。校长既不过劳，校事亦有秩序，而进步自易矣！

四、定时做事。本校昔时人数较少，故学生有事，无论何时均可向职员接洽；现全校人数将及千人，若仍用此法，则恐诸职员有应接不暇之势。故拟仿本校会计处办法，每日有一定时刻接洽事务，使职员既可得暇休息，而学生又能养成秩序的习惯。诚一举而两得矣！

五、对于各会。亦用本校政策，勿使增长过大，而求其精神坚固为要。

六、对于各报。各出版物均请国文教员赞助，内容则取其精华而辞其繁冗。

(载《校风》第36、37期)

欲强中国,端赖新少年①

(1916年8月30日)

此次修身,余拟用十数分钟之时间,对于时事稍言大略,以启诸生阅报之观念,庶不致一见报章茫无头绪,读而生厌。余对于时事不常为学生言之,何也？盖吾国每有对外之事,即患应付无方,每易受人欺侮,欲图富强几于无望,恐学生闻之徒生悲观,且少年心性每多好强,或受激刺——生悲观则希望绝,受激刺则忿言起,二者皆非少年所宜,此余之所以不常言也。然如绝口不言,使学生对于世界大势、国家前途一无所知,又岂教育之良法？此余之所以必欲言也。此次中学会议,有某先生提议,值此修身时间,关于国耻,当常为学生言之,以启发学生爱国之心,而激励学生忧国之感,斯言良是。唯言之必使学生闻之不致徒生悲观,过受激刺方可,亦颇难措辞矣。盖中国一线之望皆在学生之身,学生之责任可知矣。而小学知识太简,不如中学学生知识较深,中学学生之责任又可知矣。故此案决议后,遇有机会即当加入时事,盖激刺不可太过,然亦不可毫无也。

今日所言之事为中俄协约。此事内容外间不得尽知,吾人可以往事征之。初日英协约表面为维持东亚和平,故日俄战争他国不加干涉,以有英监视也。其结果日吞朝鲜,此日之利用英也。英国海军皆在欧洲,亚东商业鞭长莫及,借日力得以保全,此英之利用日也。今则利尽交疏,故日又与俄协约,其意果何在乎？可思之而得也。我国适当其冲,来日大难,未知税驾之所在。于此欲施补救之术,果恃何人？

---

① 本文系张伯苓所作修身班校长讲演,由李纶襄笔录。题目为编者所拟。

旧官僚乎？新人物乎？官僚派吾无望矣！此次新登台之人物，乃竟有以烟土案而被嫌疑者，纵经百口解说，然迢遥数千里，累累数千磅，岂竟一无闻知乎？岂竟毫无关涉乎？何不幸而冒此不韪之名也。一人之关系无足重轻。试就大势观之，吾中国或不至如朝鲜也。其首要原因曰版图寥阔，邻虽强，恐独力不能吞也；而各国战事方烈，当亦无暇东顾。此正转弱为强之好现象也。譬之病人，如人皆曰可愈，则精神为之一振；如自以为不救，则医药每至无效。我国今日，吾纵以为病虽危，尚不至诸医束手，决不至为朝鲜之续，明矣！今晨余至友朝鲜某君谈及亡国之惨，闻之不禁动颜。虽然，欲强中国责任谁归？曰：端赖一班新少年。然则少年自处应如何乎？曰：尽心为学，以备将来之用。语云：生于忧患，死于安乐。望诸生三复斯言。

关于训言者，余亦有数语，即上星期所言之预算，诸生已尽解之耶。盖天下事无论为全国，为各人，均非有计划不可也。中日之役而日胜，日俄之役而日又胜，皆计划之功也。此国与国之对待也。至以各人论，凡行一事，亦每至有阻力生乎其间，必须继以贞固之力，方不致徒托空谈。语云：言之非艰，行之维艰，是非具有一种能力以胜此阻力不可。余尝为汝等计划，约有二法：一为先生之辅助，二为诸生之自治。夫然后先生之力渐减，学生之力日增，庶几人人皆具自治之精神而有做事之能力也。

关于体育者，复有一事，曰检查身体。本校学生约近千人，人数太多，恐难遍检。兹由医士列一病单，可按症填之，万勿隐病不言。本校学生徐绍琨、张润身之死，皆吾辈之过。殷鉴不远，其戒之勿忽。

（载《校风》第 37 期）

爱国心①

(1916年9月13日)

余日来受激刺颇多,有感不能无言。余暑假中曾一游张家口,昨又有山东之行,观察所及,乃知当今之世,做事须如驾车之马,不能外视,则不致见社会之腐败而灰心。然如此做事,不出学校则可,若当旅行之际,则不能不观,观察之后,乃不禁感触频来。在校时对此大多青年颇生快乐,以为他日学成当能救国。及与外界相较,则不过杯水车薪耳,况学生中未必尽善乎?前此由津至京,车中即有打麻雀牌者;此次赴鲁,又见有大辫子兵数人在饭车中打西洋牌。及至各处,苟其人有二三能出良心做事者,犹可稍慰。乃旅行所及,观其人非在沉酣之中,即无思想之徒,再则愚陋腐败。如此社会其有望兴之日乎?中国指望现之在官者,至好不过维持现状;为绅者智浅识陋,不可期望;办学者虽不能一笔抹煞,然不足其格者,实繁有徒。其次者则随波逐流,此犹可置之;再求留学界中,则余见某博士新由某国留学回国,在某处做事,以为必能牺牲一己为国尽力,乃其行为既不能振拔流俗,又不能独善其身,而嫖赌恶习无所不为。各方面皆如此,救国尚期诸谁?如按人道主义言之,吾人既不能自治,当假手他族代为治理,其请欧人乎?则战事方酣,不遑东顾;美人乎?则道路太远,鞭长莫及;无已,其日本乎?则观其对待朝鲜之前车可知矣!国内既无人道,而国外殆有甚焉!旅行朝鲜者,不过仅见其道路整洁耳,谓之人道可乎?因此感触,而向所期之空中楼阁,已消灭无余。再言山东现象。此次起义,有

---

① 本文系张伯苓所作修身班校长讲演,由常策欧笔录。题目为编者所拟。

所谓大人物者,联络土匪起事,而抢掠甚于官兵。现又有民军起与之宣战,周村又有借日本之力而猖獗者,自相残贼,可为浩叹。推原其故,亦以中国人乏爱国心耳,故余今日以"爱国"二字为题,以与诸生言。

国者,人民组织而成。我国对于国家观念可分三时期。一、列国时期,分天下为齐、楚、燕、赵等国,彼时有大同主义,然不过亚洲一隅之大同主义。二、由始皇至今,为帝国大皇帝时代。谁为皇帝则谁是从,视国家为个人私产,无真正观念。三、则现时共和时代。日人云:中国人之爱国心仅五分钟。若自知有国以来以至于今已为不少,西洋各国以文豪之鼓吹,教育家之提倡,诸种方面始克造成人民之爱国观念。反观中国,国家对于人民爱国心之提倡则何如者?昔中国受外族之征服,蒙古来而中国同化之,满洲来而中国又同化之,然昔以野蛮征服文明则可,今则以文明征服野蛮,亡国且亡其种矣!日人之亡韩也,弃其语言、文字,涸其知识,亡国亡种之现象也。中国现象如此,任其随流而去,自思能安乎?昔犹太人受羁于埃及,有伟人摩西者率其族返国,历种种困苦,而卒成功。以色列民族出一摩西,今以中国民族之大,应有若干摩西乎?诸生苟自今日立志救国,当以摩西为榜样,无畏难。或读书只为衣食计,则无庸计此。欲免为亡国之奴,请先克服自己。自私也,苟安也,声色货利也,尽除去之,用牺牲之法。如肯牺牲精神则可保全肉体。吾国以不能治理也,故于国际无治外法权,无警察权。前数年中国人与鸦片烟战,今则军队公带鸦片,云南议员带鸦片。诸生欲将中国受外人治乎,抑欲自治乎?其职谁期?惟自吾人做起耳。昔人欲唤醒国民,今则应新造真国民,以造新国。其事诚难,但吾人应以"难"字做成习惯,西谚有云,God helps those who help themselves。所谓新造其国,应以何者为目的?现时世界各造其国,吾则以为国家、为人道,两相预备于将来之大同。如持此意往前,则爱国之心当倍于寻常矣!

(载《校风》第 38 期)

拟向校风社社员演说大旨①

(1916年9月20日)

时至今日,吾国大局殆已不可救药,毋庸讳言。然而天不能亡我,惟我自亡。前途苟有分寸余地,即吾人犹有可为之机。诸君当知,中国近来之巨患,不在有形之物质问题,乃在无形之精神问题。精神聚,虽亡,非真亡;精神涣,不亡,亦必抵于亡。吾国人心颓靡久矣,甚至麻木不仁,毫无生气。屡经政变,徒杀人耳,而乱乃益甚。是故欲图转机,物质上之运用已穷,不得不深入一步,直接从根本上着想,以振已死之人心。振人心之利器有二:曰演说,曰报纸。二者各有所长,惟报纸为能致远而经久,吾所望于诸君者无他,须借此练习,备将来苦口婆心,正言劝世,以振起国民新精神,以重续国家新运命耳!

(载《校风》第39期)

---

① 本文发表时《校风》编者按云:"是日校长因有要事未能如愿莅会,用将演说大旨述之记者,嘱记者代达同人。然具有深意,所当永矢弗谖者,非第校风社员已也。"由孔繁霱笔录。题目为编者所拟。

吾之救国药①

(1916年9月20日)

此次对于时事，无许多要者可言，惟国内之中对于宪法起草案，关系似为较大，颇有可注意之价值。此事有数省督军欲加干涉，虽政府未必许可，然结果如何尚在不可知之之数。诸生阅报其加之意焉。至中日交涉，现尚延迟未办，以外交总长唐少川②氏尚未到任视事故也。

对于训言者，与从前所言蝉联而下，故初言预备，次言国家前途，而此次所言为吾之救国药。顾在未言之先，尚有其他事之小者，欲为诸生言之。其为何事？即为禁止学生在球房打球及书馆听书。球房原非大不韪事，乃多有借此为狭邪游之厉阶，故亦在所应禁。盖此地素称繁华，学生之在本校为学者，其父兄恒言较他处为放心，以本校能监督其行动也。故吾辈职员等遇有学生之犯此者，必不稍假借，以不负其家长之初心。欲杜此恶风而除此病源，曰有二法：一方面则教导之，以防其未然；一方面则调查之，以绝其再犯，则此弊习自然可绝矣！昨日有某先生查获二人旧习未改，一为旧生，一为新生。该旧生当晚退学，新生令之停学思过。其必如此惩罚之者，不独以其有污一己之名誉道德，且恐其传染他人也。盖少年之中具有自治之力，而不为外魔所移者实鲜。类多自治之力薄弱，染于苍则苍，染于黄则黄；与善人相处，则不失为君子，与恶人相处，则流而入于小人。芟芜刈稗，正所以助苗之长也。或曰，他国人亦不能尽免无如此者。然此最不宜于吾

---

① 本文系张伯苓所作校长修身班讲演，由李纶襄笔录。题目为编者所拟。
② 即唐绍仪(1862—1938)，中华民国首任内阁总理。

国,且更不宜于吾国之少年,时势使然也。诸生其共勉旃!

　　此事既已言毕,余且更欲言吾之救国药矣!余在言此第一步,为诸生引对待之名词二:曰进取,曰保守。吾人试思吾国人之心理,其进取者乎,保守者乎?其为保守不必讳言。二者相较,果何派为优,何派为劣?何派胜?何派败乎?有持进取主义者,国在东亚,执东亚之牛耳,系何国乎?即东邻日本是也。汝等或曰:此国家情形问题太大,有吾辈不能尽解者,其有事近而理切者乎?曰:有,即吾校与他校较也。各校中有进取者焉,有保守者焉。吾校进取者也。即以各校各项竞争而论,吾校所得之结果如何?汝等之所共知也。此即进取之效力也。推而至于国家,亦何莫不然?故欲强中国,非打破保守,改持进取不可也!然进取与保守之分别安在?进取者如万物正盛,譬之一年春夏之时也;保守者如万物已衰,譬之一年秋冬之时也。故进取得一日之朝气,而保守得一日之暮气焉。有朝气者,凡事振作;有暮气者,凡事颓唐。以此种颓唐之暮气,而欲与如旭日初升、灏气发扬之强邻相争存于二十世纪,其失败者非不幸也,宜也。故国家相比,则吾国有暮气者也,日本有朝气者也。而学校相比,吾校之与他校为何如乎?有何气乎?虽然,所谓进取而有朝气者,要知非常胜之谓也,乃不畏败之谓也。惟不畏目前之败,方有最后之胜,敢断言也。余以知欲强中国,非建一新中国不可也。然则进取一说与古圣微言相吻合乎?则盍视乎《易》?《易》曰:"天行健,君子以自强不息。"彼之所谓天行健者,乃指昼夜相承,春秋代继,无时或已,长此不息而言也。吾人读此,则进取精神自然得矣!《圣经》亦云:人应时时警醒。中圣西圣,其揆一也。前余之误,在欲一劳永逸,今始觉之。以科学证之,当机器未昌明时,西国学者皆欲发明一种永动机,然卒无成。譬之食物,能一日之中食数日之物乎?必不能也。故惟一日做一日之事,而日继一日,虽有时而休息而睡眠,然休息睡眠之后仍如前时,固无害也。如英国者,可谓得进取之精神矣。其所以与德战者,以德与之争也,非得已也;如吾国之保守,则必姑息从事养痈成患矣!初拿破仑蹂躏全欧,彼力抑之;今德国力排联军,彼又抑之,盖先发制人,后即为人所制矣!至于成败,非所论也。保守者能如是乎？故必改持进取，方可致强。余之救国药如此。

此学期离校之学生，有至日本留学者，有至江西新远中学做事者，致函母校，大意皆言愿常守南开之精神，几于众口一词。然细思精神何在，有堪为吾人想者。值此不禁回思十一年前焉！忆昔无逾尺之植物，而今则聚九百余青年。昔之学生与今之教员，其数几于相等。至于与他校竞争，初无不负时，负而仍角，直至今日。今昔相较，又为如何？可见有毅力，有信心，无不达其目的者也。南开精神，其在是乎？虽其中不无小挫，不过如浮云之蔽空耳！推而广之，无论何事，无精神亦必归失败。或曰：吾为不争之事，如牧师教员等，所言者博爱，所言者道德，无精神似可矣！不知亦似是而非之论也。以此精神置之学校既发达，置之国家亦必能富强也。然此气有非一二人之所能为者，故端在群力以造成之耳。

（载《校风》第 39 期）

进德修业，虚心为本①

（1916年9月20日）

人之于世，浮生若梦，虽百年岁月，亦宛如弹指之顷。故应为之事多，而所有之光阴有限也。即尽其平生之力尚不能达，况吾侪方在中年乎？吾人欲进德修业，必以虚心为本。倘功业蠢成辄自盈溢，则其学问遂画于前基，难再蕲恢张之策，如此而欲成圣贤豪杰其可得乎？夫骄傲之所以失败者，岂造物忌才迫之使然哉？抑岂失其本来之天资而不能深造也哉？非也。盖人既骄傲则言语必不能逊，言语不逊则虽有迂塞，孰为启之？虽有疑惑，孰为解之？此其弊一也。且其意既自满，其不愿深造也必矣！此其弊二也。人有此二弊，乌能进取乎？日中则昃，月盈则亏，此深可为吾人之鉴矣！

（载《校风》第39期）

---

① 本文系张伯苓所作修身班校长训言，由张世辅笔录。题目为编者所拟。

虚心与礼节①

(1916年9月25日)

（甲）虚心。上次论及吾人应时时振作。振作之法，一为积极，一为消极。今且以消极为诸生告。消极者，即去恶习、私欲及不道德行为之谓也。如欲铲诸恶，首为虚心。《书》曰："满招损，谦受益。"人若存有自满之心，则事事必难进步，且易消磨固有之美德。《大学》首章曰，"在明明德，在止于至善"，若以至善自期，自必时时自警，以求近于至善而不敢存满足之念。譬人之登山，人如以山顶为目的，则必向上不息；而人自山下视之，固见其愈行愈高也。吾望诸生及吾同人皆以虚心自勉。

（乙）礼节。吾国昔时礼节甚繁，及至于今，又失之于疏。试思人处于世，若无人过问，则此人之生活必觉无趣。反之人人相遇以礼，则能启发兴致，故今后凡遇师长或同学皆应鞠躬或默首以致敬。

（载《校风》第40期）

---

① 本文系张伯苓所作修身班校长讲演，由郭为障笔录。题目为编者所拟。

谈爱国①

(1916年11月1日)

今日之题,即为"爱国"二字。前八年,余在美国时参观一小学校,校长每晨率学生对国旗行礼,以养成学生爱国之念。吾校亦自今日起,每星期三至此,先对国旗行三鞠躬礼,以表爱国之诚。吾国古时,皆以孝治天下,其说甚正。盖孝为人之本,失其孝则道衰矣。然细推之,往往失于偏重家庭之观念,少世界之眼光。若以爱国言,则无论奉何宗教,属何种族,皆无反对之理。今中国正值艰难之步,无论汝尚赖国家,即使国家有赖于汝,汝亦当急起救之。西谚有云:A friend in need is a friend indeed,所谓雪里送炭,方为真友。人之对于国家亦然。然少年人因抱爱国之热诚,见国家一切腐败之事即怨恨之。夫既爱之,又何恨之?即他人有不爱国者,惟可设法感动之,断不可遽尔怨恨往招反抗也。美人对于本国爱重特甚,无论事之善恶,理之曲直,凡属己国即爱之。吾对于吾国固应爱重,然有不良者,必随时改革,所谓爱而知其恶也。又有因爱己国而怨他国者,试思但以一点之恨力又何补于弱?且遍观古今中外,无有以弱国而辱强国者。惟应自强不息,发扬爱国之精神自可无虞。吾又谓,人之爱国,不可徒存消极主义,而独善其身,必也有动人之力。如火把燃,自燃之后且能助燃,以次相燃,则功著矣!苟遇有不易燃者,当有忍耐之心。惟燃时不免有风浪之阻碍,设火力不足,值此未有不扑灭者。如本校自开办以来,屡遇险阻,其所以未颠覆者,以火力足也。故吾甚愿诸生以火把自命,匪独自

---

① 本文系张伯苓所作修身班校长讲演,由郭为障笔录。题目为编者所拟。

燃,且能助燃,则方为真正之爱国。

(载《校风》第44期)

今日中国第一要策①

(1916年11月22日)

余离校约三星期,计共十九日。路线系由奉天至长春,再至吉林,返长春至哈尔滨,回奉天至安东,过鸭绿江至朝鲜之宜川,复由新义州至安东,而之奉天,宿于本溪湖,次日由奉旋津。共演说三十九次,所见者,除中人不计外,共六国之人,曰英、美、丹、俄、日本、朝鲜;演说地点共十处,曰奉天、吉林、哈尔滨、宜川、新义州、安东、本溪湖。斯行也,有一事令人不能不注意者,即为国家观念。所搭之火车有为日资者,有为俄资者,有为中资者。在奉天有一车站甚为壮丽,为日人所造。其精神极佳,诚非虚誉。即司茶者做事,亦出以至诚。至俄路则不如日远甚,然犹胜于中人。总之,日人办事最为灵敏,组织便利,遇事争先;俄人身体长大,动作粗笨;朝鲜愤郁不平,卧薪尝胆。吾中国人既日俄之不如,而其松懈懒惰之状,即较之韩人亦略有差。思想非不密也,脑筋非不灵也,惟遇事推诿,不善组织。私事尚肯为力,一遇公事,则非营私即舞弊,惟尔诈我虞,故冰消瓦解。此中国最可危险之事也。至于英、美、丹诸国,余以见者不多,不能以少数代表其全国,兹不细论。至若日本,人多地狭,故不得不变法以扩张其势力而求生活,其生长之法,全体一致,联合以敌外人。中人则数千年来处专制淫威之下,时时防制,惟恐民智发达,又常自居为天朝,视他邦为夷狄,虽有一二人主中华者,然亦渐被同化。以故,人民毫无进取之心,久而养成懒惰之性。人多谓中国人民不自由,吾谓中国人太自由,此吾比较数

---

① 本文系张伯苓所作修身班校长讲演,由李纶襄、郭为障笔录。题目为编者所拟。

国人民之感触也。

吾在吉、奉二省演说时,彼皆恐将来为日人所并。其痛切之语,有令人不忍闻者。吾语以此非一二省之问题,乃全国之问题。盖二省不同朝鲜,即不幸为日人所夺,然与中国同文同种,决无截而为二之理。苟其人心不死,则中国地大人多,日人必不能安然得之。然则国家前途抑谁是赖乎?惟应从自己做起,虽中国灭亡,亦必能复兴。一日奉省教育会长约吾演说,到场者约五六百人。吾告以今日中国第一要策,即在教育培养有干才之领袖,以养成一强有力、公正无私之政府,方可以御外;不然,如仍如从前之松惰,则非人之亡我,实我自亡矣!

(载《校风》第 48 期)

毕业赠言①

(1917年1月10日)

今日为时甚促,不获与毕业诸生作竟日谈。惟临别赠言,贵精不贵多。且平时每星期三之修身班演讲,诸生苟能悉记不忘,便已为益宏多,固无待今日之喋喋也。

诸生居此四年,明岁虽仍有留校不去者,然究非全数。一旦分离,升转他校,或置身社会,总宜先立定宗旨。盖青年人平日埋首学校,所练习所学得者,均为养吾身心,长吾志气之具,出而遇风波险阻,恃吾心志以抵触之,正道所在,他非计也。非然者,随流逐波,图暂时之苟活,失一生之人格,则生命又何足贵哉!且夫今日正诸生立志之时,无论各具何长,要皆能发扬昌大,以备国家干城之选。设无志也,则飘萍靡定,终无所成,与禽兽何异?舟之浮海,行必有方,使无准的,达岸何时?如今日国家者,岂非失向孤舟颠簸于狂风巨浪中耶!诸生果如此舟,则莫如投之海洋以自沉。使尚欲有为于国中也,望各立尔志,急图自新。志不必尽同,亦不必尽信人言。一己所得,未必便合人意。人云亦云,殊非立身之道。盖人贵有价值者,一己之决断力耳。

今日毕业,正中学学业之结束期,非学便于此止也。出而问世,不可浪用,不可放用,不可乱用,深求专学,尤望不可自萎。临别忠言,语

---

① 本文系张伯苓在南开中学1917年毕业式上的讲话,由周恩来笔录。题目为编者所拟。

短情长,听之择之,是在诸生矣!

(载《校风》第 51 期特别增刊)

国家万一之希望①

(1917年1月31日)

今日之演说,吾知有少数学生失望。盖其心一以为吾聆国中伟人如梁先生之演说后,便可立成伟人;一以为吾来素负盛名之南开攻读,便可成为完人。然今日梁先生演说之意旨,岂非令汝等失望耶?但此非全体心理也。梁先生有言,万一之希望在青年学子。此言须加研究。在昔二十年前以梁先生及严先生论,早已虑及国中之危险,预筹拯国之方。逮及今仍不免于危险,则今日汝等之责任,岂不尤难且大乎?且汝等第一须知,吾南开所最短者,即为不识时务。盖其中纨绔子弟居多数,易流入浮躁愚鲁之境。则今日一席话,岂不又令汝等自省耶!于先生何有?生于忧患,死于安乐,此世界之公言也。故梁先生今日谓,磨炼意志、锻炼学问为青年最要。此外尤有一事则感动,是今日之言,望诸生退而思之,寝馈其中,方有期于来日。音声相同者互应,此亦然也。

(载《校风》第53期)

---

① 本文系张伯苓在梁启超(任公)南开学校演讲会上的讲话。题目为编者所拟。梁启超演讲词载《校风》第56、57期。

色欲问题①

(1917年2月14日)

古圣有云：少之时血气未定，戒之在色。谈及此题，中国旧学说教授法，师长之对于生徒，父之对于子弟，往往讳而不言，以为似难出诸口者，盖数千年来之习惯使然。且非仅中国如此，世界各国亦无不然。殊不知人类世界第一部即为生命（按：上海青年会出版谢洪赍②先生所著之《读书指要》，其所举书目，第一即为卫生类，又"修学一助"中《应用科学指要》，美国《广世报》主笔华尔克氏之教育部类，列生命学及卫生学于教育之第二部），苟不明其生命之原理，而妄为摧折，倒逆施行，纵人欲疏卫生，其收恶劣之结果可预言者。近世教育家知其然也，有提倡将生命之原理，明白宣布于幼年男女，使知纵欲伤身之害。故学校往往请著名医生演讲生理学之重要。色欲问题，盖古今万国世界人类莫之能逃，莫之或外者也，无论智、愚、贤、不肖，匪不具此机能。然而用之得当，斯种族因而繁衍；用之不当，轻则精神萎靡，无用成就，重则因劳成痼，或足戕生。拭目以观，古今来因此杀身丧命者，曷可一二人数也！且圣人之作斯语，岂只为一时一二人道？盖已洞夫后世之蹈斯大劫，而不惜先作暮鼓晨钟。乃众生茫茫，竟无一人能逃此外者，可胜叹哉！诸生当中学时代，正为发达生殖机能之时。西洋学者有云：中学最为难办。盖小学时代，正天真烂漫之时，脑筋清白，无一毫人欲；而大学时代，则又已经成年，知识道德均已发达完全，有判别是

---

① 本文系张伯苓所作修身班校长训言，由常策欧笔录。题目为编者所拟。
② 谢洪赍(1873—1916)，字鬯侯，号寄尘，晚署庐隐。基督徒，中华基督教青年会创始人之一。上海中西书院教授，著述家，翻译家。

非之力，故此二期其施教也易。唯中学时期，正当此人欲发达时代，学科以外，乃有此恶魔大劫，长与此清白之心为敌为难。故其设教不在徒授以课程，尤要在杜其贪欲之心，以纳于正规，斯其困难之所以倍也。诸生而无上进之心则已，苟欲上进，则于此等恶魔之引诱，当力为戒除之。其法有二：曰积极，曰消极。积极之法，先宜立志。盖此心中常有一高尚之问题在前，斯一切卑鄙不足道之引诱，自当退避三舍。次则常行运动，以活动血脉，强壮身心。盖身心强壮，则精神分布于全身而不聚于一二部。消极之法，宜作一好习惯，习于善，免为恶，庶于引诱之来，自可防患于无形矣！此外有上海青年会出版之《完璞巽言》《葆真法语》二书，均为青年不可缺少之生理知识。一为自七八岁至十二三岁宜读者，一为自十二三岁至十七八岁宜读者，诸生均宜购阅（按：上海医学局丁福保①编辑之《少年进德录》中有《窒欲》一章可以参看，该书商务书馆代售）。现时校中身体不健学生不外三因，或由于饮食无节，或缘于读书过劳，其第三因，即此题也。校风恶劣之学校，往往忽于此题，而学生则信口妄谈，不知其污辱此圣洁之身之口。本校有鉴于斯，故总规则之第一条即为："凡本校诸生有谈淫亵等语者，轻则记过，重则除名。"诸生当三复斯言，不可稍忽，并望年长之学生尽力辅助新同学。而新入校各生，亦宜详询旧同学若者为恶，若者为善，法其善以去其不善。夫人为万物之灵，此心此脑，将以经纬天地，规划乾坤，其用途大，其责任广，奈何而任其律缘于淫恶邪荡之中，致此圣洁之身心，为邪恶之巢穴？斯可痛恨太息者也。诸生其三复斯言。

（载《校风》第 55 期）

---

① 丁福保(1874—1952)，字仲祐，号畴居士。著名佛教居士，学者，在佛学、文学、医学、算学、小学、目录学、钱币学诸领域皆有建树。

悼念张诗岑先生①

(1917年2月19日)

今日全校为诗岑先生开会追悼,缅想遗言懿行不可胜数,决非数时之匆促所得述其梗概,仅择其要者为诸君言之。诸君之悼诗岑先生,当于痛其个人,哀其家属以外,宜有一正义在。吾与先生同舟七载,不敢以谀词誉先生。然吾固知先生处世决非无宗旨可言者,且今日归依帝座,效果已收。先生幼慧,好学不倦,自掌教本校以来,在各班中殷殷训诲,咸与人以满意而去。因是新学书院、北洋医学相继请先生教授,声誉隆然。先生之处家乡也,以敬爱乡党,和乐家庭称。校中各会各报以及个人丐先生讲学书字者,日不暇接,先生决无难色。总之,先生遇事热心,富于感情,与人无忤。去岁专三学生李建屏君游去,先生往哭之恸。校中因兑现停止,经济困难,先生首以免薪尽职请。平素遇有国文教员不敷教授时,先生必慨然代授。此又先生处人处事富于感情者也。先生居乡曾鼎力提倡小学,奖励后进,间尝闻先生语余曰,"吾力有余,即须襄助他人",至友热诚,言犹在耳。吾盼诸君当法诗岑先生,坚定宗旨,方不致日后无效果可言。再先生遗子女各一,公子年十五,女公子年八岁。而先生夫人今日且遣其公子来表谢忱,百里奔波(先生家静海)。吾等视先生有后,哀悼之心亦不可少矣。

(载《校风》第55期)

---

① 本文系张伯苓在张诗岑追悼会上的讲话。张诗岑(?—1917),南开中学国文教员。

旧中国之新希望与旧南开之新责任①

(1917年4月11日)

春假内余曾赴京,所受感动,当于今日为诸生言之。校内于春假亦曾组织旅行团,与行者受益自必不少。旅行最要之点,即为得一新经历。因吾人每日起居动息皆有例可循,常而不变,必寡精神。至旅行则可引起兴味,再做何事,自能得良善结果。

余之至京,其原因之最要者,意赴美后,要余演说者必有其人,虽欲拒绝,恐亦难免。演说时如谈世界大局,自觉恐才有不逮;如谈专门科学,恐识有未足;即言身所历目所经之教育,又觉寡趣无已。其一言中国之与东亚诸问题乎?此为关系美日中三国者。关系中日固矣,何以谓为关于美乎?盖与美所界,只一太平洋间,故亦有关系。此种问题美日皆有著作论说,而中人则阙然久未及此,且常有外国友人对余提及。故虽觉不足,亦以尽厥责任为目的。曾思中人对于此种问题,较他人知之应为更稔,而况余侪教育中人乎!此所以必不得已于言也。然徒恃一己之眼光,而不知他人之论调,又乌呼可!故必参考美日之议论,然后言时较为圆满而有把握。

余至京,以此意告之西友密司忒葛雷②。葛君言,政府顾问英人莫理逊③君处,藏书甚富,且多关于中国之与东亚诸问题。莫君曾为伦敦《泰晤士报》主笔,前八年以顺直禁烟事余曾见之。今得葛君介

---

① 本文系张伯苓所作修身班校长讲演,由襄笔录。
② 疑即J. H. Gray,基督教青年会干事。
③ 即George Ernest Morrison(1862—1920),或译莫理循,出生于澳大利亚的苏格兰人。长期旅居中国,见证了清末民初的历史转型。

绍，往访其人，得伊欢迎，且定于某日上午十钟涉猎其所藏书。至时赴约往，视其屋之小大，不下本校礼堂。书架满屋，琳琅满架。较之处则充栋宇，出则汗马牛，殆有过之。内分书籍杂志等，其书各国文字皆备，内约百分之九十余为英文，以著作者既多英美国人，而他国人亦间有用英文者故也。其余为法文，为德文，为拉丁文，为瑞典文。法文所载，率为云南、广西二省之土地、风俗、人情、矿产等。德文所载，率皆关于山东之情形。拉丁文则为罗马教士初至中国所记载。瑞典文则寥若晨星，不多觏矣。一时不能遍观。伊为我介绍数册。后又视其法文所书之关于云广者，其中绘图之精，中国书籍中殆未之见。以其地与安南毗连，故彼觊觎最力。德文中则有五厚册关于山东者。莫君对余曰：若辈之经营亦不为不力矣。真慨乎其言之。余闻听之余不寒而栗，方知他人较中人之知中国之多，有过之无不及也。嗣后与之略谈中国大局。其批评中国政治缺憾甚当，且曰：满室之书无一语敢谓中人不足有为者。彼对于中国将来希望甚大。余要之演说，伊言演说非其所长。及十一钟余，余兴辞去。

是日晚，葛君请一英国大学历史教授某君（其名为记者所忘）共餐，余在座。食时，某君言及中国人与他国人皆谓中国古国也，地利率皆用尽，是诚大谬。中国宝藏甚富，蕴而未开，可享之数世而有余也。斯言也，在常人言之亦无价值，而某君者则曾在中国各地演说，其言皆从调查学问经历得来，言必有中，铁案不移也。

后余在清华学校居住数日，潜玩莫君为余所介绍之书。阅毕，与前此对于中国之眼光不尽有所改变，方知吾人欲知中国情形，必观外人书籍。斯言乍听似偏，然吾中人之对中国，语焉而不精，知焉而不详，非按科学方法所研究，既不能一致，故亦不能谓之真知。彼则以社会、经济、博物、政治、宗教等学理分类揭出，故有规则，有条理，较之中人所述似为较胜。昔苏格拉底有言曰：Know themselves。中人之病，即患在不自知。诸生知夫睡狮乎？其齿非不利也，爪非不尖也，力非不猛也，徒以睡故而失去知觉，麋鹿欺之。故欲有为，必先恢复知觉；而恢复知觉即在 awakening（醒）之一字也。此字也，昔曾言之而不知之,今则能谓真知矣。盖此字非阅历、思想不能知也。

余今日之题为 The New Hopes of Old China and the New Responsibilitles of Old Nankai School(《旧中国之新希望与旧南开之新责任》)。夫世界各国各尽厥责,如德倡潜艇政策而美抗之,尽其责也。而中国如何?睡狮知觉之无有,中国何责之能尽?虽然,中国人岂真不能尽责而有为耶?则固知莫理逊之言——无人敢谓中人不足有为者,与某君之谓——中国地利可数世享之而无穷,不我欺也。推原其故,睡狮所短者,精神也;而中国所短者,亦精神也。精神何以短?以性好保守也。譬之以弈,能取能弃,欲取姑与,方能制胜。耶稣基督曰:如求生命,必先弃生命。譬之种粮,必先撒种于地,待之半年,方能刈获。若数事者,岂保守之人所能为哉!此中人之所短者也。何谓旧中国新希望?中国所少者,岂官吏乎?岂一班人民乎?亦皆非也。所短者,即为五十年或百年后造福利之人。何谓旧南开新责任?即为余与诸生从兹立志,唤醒一己,唤醒国人,醒后负责任,为世界发明新理论、新学说,使世界得平安,为人类造幸福。此为余春假中所得者,亦为所望于诸生者,而又赴美后所欲以之演说者也。

(载《校风》第 61 期)

中国真正之砥柱①

(1917年4月18日)

今日所言,继上次②未竟之意。于未说之前,先取余近读二书示诸生。一为英人 Lord William③ 所著。彼来中国时,未临我校,曾遣其秘书与余接洽。彼提倡爱清华学校例,退还中国赔款,设立大学于汉口,后被国会否决。回国遂著 Changing China,即此书也。一为美人洛司④所著。此君为美国社会心理学家,研究社会一般人之心理,依治水法治之。盖水之为物,治之得当则有益,否则为灾害。治水然,治人何独不然?遂著此 Changing China 及 Social Control。以上二书所云,均谓中国形势虽变,而实未尝变也。其原因则在复古与保守。自西力东渐,外界压迫之始变,此语为大隈⑤所言。且压力之来,其变与否,论者之调亦异。盖时进派则以为未变,而守旧者观之,则以为变之已多。而变之为善为恶,若以吾人之傲心观之,则可云向善。数千年之闭关自守,无何所事,而谓彼欧洲文明之进化,则酿成今日之大战争,果何所益?以我保守之习气,数千年只出一班定远,实于今世不符。彼欧洲之大战,实已将本国难题解决。而反观吾国,则为农者,只求足食;为士者,则步方眉扬,庞然自大,一入政界,匪不自私自利;至

---

① 本文系张伯苓所作修身班校长讲演,由常策欧笔录。题目为编者所拟。
② 指4月11日的修身班演讲。
③ 即 Lord William Cecil(1863—1936),埃克塞特主教。
④ 即 Edward A. Ross(1866—1951),今译罗斯。
⑤ 指大隈重信(1838—1922),日本政治家。

嗷嗷贫民,遂亦流为盗贼。此等闭守之法,乌能与世界潮流相抵抗哉!彼大战之结果,乃国与国相争。不观夫非洲乎,其荒野为何如?而欧人不辞劳悴,深入而开通之,虽欲自守,势有不能。

今吾国若图改变,将自何始乎?从政界乎?则观今之政客、伟人可知矣!然则变之根本解决安在乎?曰:必去其不平而进于平,由一人之幸福变为多数人之幸福而已。余尝对友人云,中国现处蝌蚪时代,未尝停息,既变矣,则须随其潮流以前进,而奈国人其不然也。如现教育界其前进者,以为自己有老资格,不与后进以机会,而又不肯议变,或变一半而复已。故吾谓改造中国须去旧材料用新方法,其希望即今之学生是也。学生有改造中国之机会,故数年后诸生出校,从事于社会,应知社会之情形。现在教育所要造者为新人种。所谓"作新民"有二种:一被动,因外界之感动,一则因己身衣食问题,当其初未尝不变,而稍变辄止。故社会学务,只于清末时稍有进步,数十年来相沿不改。故现今之变,须自己身改变。虽其初亦由外界而起,然苟内部与之相应,则自发动起而不停矣!但此等人求之于现在中国,实寥寥若晨星。前十年丁君义华①倡禁烟会。我国人亦有继起者,然逾年即止步矣!甲午败后,国中人未尝不励精图治,逾数年又止步矣!庚子乱后,又改革数年,未几又止步矣!如前数年直省长官谓永定河宜修浚,询其为何,则曰:京津路多外人出行;此次收回德界新置之巡警,精神非常,其故伊何?则因多外人观听也。此等事专为应酬外人而动,其故可深长思矣!

诸生当此改革时代,正值醒狮之时,幸也何如?且我南开学生,有知之机会,有做之机会,有听之机会,故应练习自动,勿只信教员,勿尽依学长。其造就之人才,须世界变化之能力,乃为真正之教育。

---

① 原名 Edward Waite Thwing(1868—1943),美国来华传教士。

上次所说,为外人评论中国有机会。此次则云中国当改革之际,睡狮方醒,诸生须做自动的,不做被动的,乃中国真正之砥柱也。有厚望焉!

(载《校风》第63期)

第三届远东运动会归来感言①

(1917年6月7日)

前之东征,于此时有欲与诸生言者;将来西渡,于此时亦有欲与诸生言者。前数日余本赴京,兹特为此聚会而返。余今日所欲言者,为此次东行所感之事。此行首至沪,由沪至杭,由杭返沪,而至东京,离东京赴韩国仁川而归。此次运动,我国失败非不幸也,有败之道也。彼以其全国全副精神而为之,而我则不过寥寥数校而已。即以北部学校言之,今日之运动员,其父兄率皆昔日文弱士,自其祖若父即不强健,而于幼时又未尝练习,将何所恃而不败乎?而日本则反此,既全国皆练习,故选择乃愈精;再则,其预备之力,闻彼国于举行运动大会以前,曾开运动会数次,以备练习;三则,以其国各事皆发达,故对于体育一项,进步亦易。昔余尝曰,此事失败,吾辈认咎,虽有前列数因,要皆以有未做到处致此耳。至京时,曾晤教育次长袁先生②、王正廷③、伍朝枢④诸先生,言及此事。或谓为泗水人少之故,然即多亦恐不易制胜也。

忆此次在日,曾晤嘉纳氏⑤,教育家,亦为柔道之创始人也。余语之曰:汝如能招待中国留日学生,时时令人可与日人接近,则妙甚。缘中国学生之留日者,可分二派:一派终日孜孜,只知读书,而不知学其

---

① 本文系张伯苓所作修身班校长讲演,由襄笔录。题目为编者所拟。
② 即袁希涛。
③ 王正廷(1882—1961),外交家,体育活动家。
④ 伍朝枢(1887—1934),伍廷芳之子,外交家。
⑤ 即嘉纳治五郎(1860—1938),现代柔道创始人。

做事之精神；一派则为其下流所诱，镇日荒嬉，皆非所宜也。实言之，日人之兴，黄人之荣也。有日本起，则东亚尚可保全。不然，白人势力遍于全球矣。昔有日人于酣醉之时，痛诋中人进步之慢，而为彼之累。思之思之，吾中人对此，当何如耶？昔伍廉德①博士谓日货不佳，而今则谓其货物可用矣。十数年前，其造船厂皆不能造之铁轴，必须由法购买，而今则能造矣。呜呼！观其全国事事物物，皆有一日千里之象，我国对之，宜生愧也。

兹以三国比较观之，即可得我之病源何在。菲律宾者，小西洋也。三百年前，尚无文字，西班牙至其地，彼得其文明；十八年前，美得其地于西班牙，以其新法行于该地，而文化大进。日本之文明，则由中国借来。当其欢迎运动员时，有弹中国音乐者，而彼乃不知为得自中国。音乐如此，文字如此，他事尚多如此者也。而彼又兼采泰西之长，故至今日而文明如是也。至若中国之文明，则与他国绝不相侔，纯为自己所造。若菲律宾者，譬裸身野人也，而他人之衣彼即着之，故亦锦烂可观矣。日人则他人有衣，而彼借之，故亦华丽可睹也。中人则自己之衣，而不合时，且不合体，言之可慨也！欲挽而救之，尚有术乎？曰非变不可也。故今日欲救中国，即在为中国换衣，如弃之可惜，留着不宜，顾忌徘徊，则靡有收效之时矣。再日人虽学西人，而各事皆由自办，西人谓其为爱国心太大，而余谓不然。昔中人不准西人通商，不可而租界生，其意以为尔为尔，我为我，固不相扰，即他人法之善者，亦不肯学。日人则不然，彼见他人之善者起而学之，而由己独办。故中人欲维持权利而进步文明，只各事由己经营足矣。以运动会而论，其评判员皆为日人。而中人则否，一方面则为大度包容，一方面则为依赖成性，将来对于运动，亦拟如此为之也。

夫日以小国而败中俄，中以大国而为日败，何也？以其事前不知筹划，不知思想也。而此性何以养成？有谓因教育者矣，有谓因习惯

---

① 当作伍连德(1879—1960)，中国现代医学第一人，华人世界首位诺贝尔奖候选人。

者矣。仲述①先生告余以将改之事，余甚赞成。盖教育如只知读书，有何用乎？昔余十四年前至日时，其地多为铁道、马车。今再视之，则电车轨迹棋布星罗矣。而吾国十数年，为何如？虽亦稍有进步，而迟以其进，并未入于正轨也。中国之文明，如文字固佳，而不谐声；音乐虽佳，而不谐和；图画虽佳，而不注意全局之构造；医药虽有，而非由科学所考察。有而不进，尚不如无。日本、菲律宾是也，顾仍有一线曙光。余曾与王君正廷见轧道机，因悟彼行虽慢而力大，电车虽速，而无彼以修路，则不能行。故今日中国进行虽慢，如轧道机然。数十年后，路平无阻，进步之速不难如电车也。有人问余曰：今天津新政府成立矣，君之意也何如？余曰：结果无论如何，而余决不失望。盖余之希望不在现在，而在将来。现在希望之无有，何为而失望哉！而余之希望端在青年。今中国留学生归国而后，多有见中国时局而失望者，余甚否之。盖时局若佳，又何所用于彼辈哉！故非从自己做起不为功。余之归途在仁川与运动员分手。余曾演说三次：一为与韩人演说，一为与英美传教士演说，一为与中国基督教徒之一小团体演说。与韩人演说，大意谓如精神不亡，国亡不足畏；与中人演说，则谓宗教应自作；与英美传教士演说，则谓日本者，造文明之试验室也，试之合宜然后输行于大陆之上。现在人之抱悲观者，其病在收效欲速。然余之希望，则在十百年后。盖凡欲速者，所结之果必不佳；收效迟者，所结之果必大而硕也。

（载《校风》第 69 期）

---

① 即张伯苓胞弟张彭春（1892—1957），教育家，早期话剧活动家、导演。

南开精神不可变①

(1917年8月18日)

今日在此,先代表赴美同人,敬谢诸君厚意,并愿与诸君介绍张君伟如②。张君亦南开旧日学生也。座中石女士虽与南开无关,亦名誉佳客也。今春赴东亚运动会与诸君相晤时,即有今日欢聚之约,兹果成为事实矣。当未起程之前,恒静坐默思,如何起程,如何赴日,如何在东京聚会。种种景象历历如在目前,抵东之期愈近,则此种景象愈觉真切。舟抵神户,发电告诸君时,即想见觌面时之乐。及至横滨,晤南开同学会代表,愉快莫名,及与诸君把晤,则更乐矣。夫余前此种种预想,次第现于事实,与前此所预想者,曾无少异,可见世事皆由渐进,人生生活亦然。抱一种希望,次第进行于精神界中,扩充势力,此种生命方觉有趣耳。

余心常受感动者有两事:一则为国为公常觉快乐,为名为私每多失望。何也?盖为公众做事,尽责而行,责任已尽,虽有失败,而扪心自问,毫无愧怍,俯仰自得,天下之乐,莫过是矣!至若为己身私利,孳孳而谋,谋而不成,未有不失望者。余贫而无资,然余甚乐。盖诸君皆余之产业也,有如许产业,安往而不乐哉!

南开学生尚未入社会做事,已有团结势力,悬理想以测将来,结果若何,亦从可知矣。夫今日之会,预定于数月以前,不转瞬而实现;居

---

① 本文系张伯苓赴美途经东京时,在留日南开同学举行的欢迎会上所作演讲,由留日南开同学会笔录。题目为编者所拟。

② 张伟如,留美学化学,归来后供职上海商检局。父一鹏,蔡锷秘书。兄满涛,女张可,翻译家。

今而预想，吾等将来之前途，亦将不转瞬而次第实现。苟有其志，事未有不能成者。南开学生到处有团结力。曾闻黄钰生①言，南开学生在清华学校，亦有团体。此种精神急宜利用，盖今日社会引诱太多，能辅助、能勉励吾等者，小团体之力甚大，苟不利用之，真失机会也。将来在社会做事，非有团结力不可，否则必不能成功。此即团体之效力也。吾人之计划岂非使中国富强，与欧美并驾齐驱乎！夫前此希望今日之会其事小，数月而成；使中国富强其事大，其成功在数十年至百年之后，亦未可知。余虽身死不及见，亦与目睹无异。但愿吾人协力前进，不畏险阻。此则须赖团结力矣！

我国在世界上果占何等地位，不可不知。昔时世界各国尚不知我国内容，后渐以虚弱之名暴露于世。于是瓜分与利益均沾之说，相继而来。自日本勃兴东亚，我国边壤多遭觊觎。欧战发生，乃一变于政策，倡东亚门罗主义，于商业财政皆切实预备，将来西人势力恐不能与争。今者中国政变，国内大乱，日本持不干涉态度，恐伤两国感情，难为将来扩充势力地也。就中与日本势力稍有抵触者为美国。近年来日美感情，不甚融洽。美惧日本垄断于中国，于其太平洋之发展有碍，故近日日美交相商榷，协助中国。苟中国长此以往，不能自治，两国将越樽俎代庖，一如美国之对墨西哥。中国而果至此地位乎？余非所忍言矣。他勿具论。即如财政一项，不思整顿，外人之干涉亦岂能免。至此地步，则全国之自由失矣！诸如此类，皆我等将来所必遇之问题，今日须志之，以为将来之计划。

今日国事纠纷，连年变乱，国人多心灰望绝。若国之危亡即在旦夕者，夫中国而果至于亡耶？吾安忍言。然不幸而中国果即于亡，吾人犹当谋所以复兴之，决非一亡，即安然无事，以听他人之宰割也，亦不能谓国亡即不能做事也。吾人计划，无论国之存亡，皆宜进行。虽然国亡而欲做事，其事太难，其遇太苦，非余所忍思也。此次东来，路遇一印度学生，欲赴美研究神学者，有两汽船公司（赴美之汽船公司凡

---

① 黄钰生（1898—1990），字子坚。南开大学教授兼秘书长，张伯苓的主要助手。

三），以其为印度人，靳票不售；其一公司虽售而倍昂其值，置之下等舱中。此余目睹之事也。亡国之人，跬步为艰。吾辈虽[不]欲亡国，其奈代价之重，非吾等所能任受乎。夫国而不治，在理宜亡；国而能治，其势必兴。此事实之无可逃避者也。以我国之现状，是否有招外人干涉之道，平心思之，未有不悚然惧者。今事已至此，惟立定志向，思所以挽回之耳。

余尝曰：诸事可变，南开精神不可变，一致为公，始终不渝。常策欧①尝问余曰：将来入社会做事，对于失望，有何补救？余应之曰：尽力而行，多为公，不为私，无所谓失望也。余固尝言，为己而谋，每多失望；凡做一事，第问其为己为人耳，苟其为人，何必容心于成败之间哉！余敢断言，将来做事能以南开精神成功者，即"为公"二字。为人须志其大，何患于冻馁。余见夫今日之青年多学今日外人之谋利，而不学昔日外人之牺牲。愿吾人皆学昔时有建设国家能力之外国人。如此而国家能亡者未之有也。余年渐长，见事较为清晰。君等少年英发，即为建筑新中国之人物。不见西乡隆盛②之铜像乎？亦当年英挺少年建设国家之人物也！余望将来之成功，亦如数月前预定此会，抱定伟大志向，本理想以求实行，并望精神团结，时时警醒，馨香祝之。此次我等赴美必组织南开同学会，以期联络焉。

（载《校风》第 74 期）

---

① 常策欧(1898—1953)，周恩来南开中学的同窗，敬业乐群会发起人之一。后任天津大学教授。

② 西乡隆盛(1828—1877)，江户末期军人，政治家，维新三杰之一。

中国教育之需要与目的①

(1918年3月20日)

自应时势变迁之需求,而后进步之说兴。余深信中国已向正当方向进步。尔者西方诸友,常警告吾侪曰,中国虽采用新法,亦不可尽弃固有之美德。盖彼以吾人修身制度,为中国古代文明之所结果,实不可以进步之利益,遽尔牺牲。然吾人亦必须改变,因世界为日日改变者,同时欲维持国之独立,亦必须经营置备,以防外侵。中外交通以来,吾侪以不识西人更有管驭物质世界之妙策,故以此而失败者,指不胜数。今则深明非于实际上改良教育方针,实难并驾列强,立国于世。

西方教育之来华,实在吾人明其需要之先。天主教 Jesuits 来华时,远在清初,曾以天文之学,传布我境,且助吾侪建立天文台,于是清朝每年颁行皇历,行之二百余年。循是以往,化学、物理诸学科,亦渐渐输入。四十年前,变法议兴,政府创办学校于北京、福州,以训练海陆军外交人才为志。然斯时之旧经学,仍到处通行,科举亦厉行不废,窃名是时为新旧制度并行之时期。至一九〇〇年后,旧日制度完全取消,学校乃遍设于全国矣。

中国教育之两大需要:一为发达学生之自创心;一为强学生之遵从纪律心。前者因中国数千年来,社会上以家族为本位,权枢系乎家长,家人以服从为先务,故中人捐弃其自创心,是习深入人心,由来已久。至第二需求,因皇帝时代,人民完纳租税后,即为良民,他无所求,

---

① 本文系张伯苓在美国哥伦比亚大学师范学院进修时所作演讲。原为英文,由段茂澜笔录并中译。题目为编者所拟。

纳税已毕，便可任意逍遥，纪律因之而弛，而中人渐习惰逸矣。中国教育今之最大问题，即为解决如何可以此两种似相抗触之性质，灌入此未来之时代中。

余上次环游世界，考察中国需要最宜之教育制度，结果获得两种需要者：一则英法美之制度，一则日德之制度。前者专为计划各人之发达，后者性近专制，为造成领袖及训练服从者之用（是即服从纪律）。敝校南开，多半以是二者为圭臬。

余深信今日中国最要者为联合，欲联合则必须有一公共之绳索以束缚之。是绳索不能以种族为之，以中国种族复杂；不能以宗教为之，以中国宗教繁多；亦不能以社会为之，以中国社会上利益与责任多所分歧。窃意较合宜之束缚物，即为爱国心，是即为中国若干年成立要素之虔敬孝心所可以自然变成者。古时一切道德皆归宿于"孝"字，故曰："战陈无勇，非孝也。"①近日吾侪必须广家族主义而至于国，则此虔敬孝心，即可成为国之忠心矣。而有此爱国心，吾国之人，无论南北东西，亦即可谓有一公共之绳索束之矣。吾校即教授以联合国民之能力，更进者欲使中国青年不仅为中国之良民，且为世界之健全分子。以今日之国界甚狭，吾等应思教育青年，当以万国大同为志也。

余信中国新教育最要之目的，即为训练青年人以社会服务心。先是社会上以家庭为单位，故个人服役之动作，恒不出家庭之范围。今者是种情形已过，余等应教青年人，不仅服役其家庭或与其相关系者，且应服役其国。故余常鼓励学生多为社会服务，例如吾校学生曾为贫寒儿童设两义塾，并曾调查社会上情形，以告本地行政者，近则水灾赈济，彼等亦多所臂助。

总言之，余意解决中国之问题，为教育。且余信中国教育之发达，实已向正当之方向进步矣。

（载《南开思潮》第 2 期）

---

① 语出《礼记》。

访美杂感①

(1919年1月25日)

在美读书,幸得与范②、严二先生尝相讨论,下班后即将堂上所学之功课同二先生研究。夏天得以至各处参观,并常见新闻记者及至各处演说,又曾至英属加拿大二次,以详察其大学、中学、学校中行政是否与社会上结果相同,嗣因流行病阻碍,未能尽至所预定各处。

这一次到美国,看见他们物质上跟以前不同的,如长桥加多,建筑加高等等,亦颇不少。而其人民精神上之表现,于其对于战事上之行动,观之颇足感人。如其兵操之自由,公债逾所募之额,省面俭肉,定期禁火等事。在事前予等不知其须加若干巡警,以维持此种秩序。而一观其舆论,察其行动,则殊非始料所及。青年会及善团联合会捐款均逾额。向者以美人只知爱钱,今见其所给之数为前此历史所无。

再看联军给美国的责任,是教他挡着德国往巴黎进攻的要道,彼时美国每天都有图报以告联军进取的情形,大概都是美国先攻,法国随进,英国自然亦就进攻。在德国要求之时,德之势力并非全灭,德兵尚在法境,而其完全降服决计停战者,即自觉前此错看美国,而今事出意料之外,绝无恋战希望矣。在德人起初想美人性不好战,无所可虑,即彼愿战亦无预备,更不能远至欧洲,尤非德国敌手。此种观察原非无因,美人诚然不好打仗,亦诚然没预备。但一经明白便愿打仗,一经

---

① 本文系张伯苓在教育厅于河北高工礼堂召集的演说会上的演讲,由幸蒙笔录。题目为编者所拟。
② 即范源濂(1875—1927),字静生。近代教育家,梁启超门生。三任民国教育总长。曾与严修、张伯苓赴美考察教育,并同建南开大学。

知道即已预备。人一转,都为打仗的人,事一转,都成打仗的事,那等的专精注意,真是全国一致。美国此次送兵到欧洲,差不多有二百万人,其兵船为德潜艇所打沉的殊不多见,那就是因为他的口岸多,他的变化快(这些事都与教育有关系)。比起来德国是整齐,美国是散漫,然而美能胜德,其中不无原因。德人为机械的,其脑筋为兵官,其灵魂为国,为大皇帝,为国魂。美人则一人算一个,如不打即不打,打则手脚打,脑筋亦打,灵魂亦打。这个分别一个是机械的,一个是全体的。德国人是有头有户,美国人则纯然是民主的精神,个个人都为头,组织起来则整然有序,散之则各自为主。德人操练的好,而变之甚难,美人起首组织不如德国整齐,而愈长愈好,以其人好变,须知现在打仗国内国外均须时时更变。此外还有一项,就是世界的趋向,当年多半是少数管多数,而今民主精神日见增长,所以联军得胜。

　　此次战争打败了的固不待言,即非打败了的,间接受其影响的,亦有几国,如日本、英国。日本先仿中国,后仿美,后仿荷兰、法、英等国,又后则纯粹仿德,洎今已随德国跑了若干年。现在他们的老师已经倒了,他那举国识者不免有所忧虑。予由美返国过日时,有他本国人新都护氏,大学教授,唱民主本义,大家正在那儿同他辩论,若说英国在他本国民主的精神,本来很好,而这一次牺牲了不少,以后对于财政殖民地方法还需有所更变。受好影响最大的就是美国。他们的来历,本来就极清洁,他们就是英国的清教徒迁移到美洲的,其精神上最好之点为自由信仰,而且无旧套。天产富,四邻都好,两面近大洋。他们自己常说,借着华盛顿建筑美国,林肯巩固美国,威尔逊①找着美国在世界上的地位。他们最大的发达,就是财力,如今恐怕合世界的财力亦不敌美国。记得有天同范先生谈话说,看看美国建国百余年,他们乡村的路,便可行 automobile;吾们立国四千年,反倒无路走。他们岂是从欧洲带来的么? 不是。是他们能各尽实力,分开极力发达自己,而同时又对于社会上负责任。今且合力建设,将来定有可观。当初有远

---

① 威尔逊(Thomas Woodrow Wilson, 1856—1924),美国第二十八任总统。

见的人便说将来美德必有战争,因为他两国的主义相去太远。今彼美人果因其主义牺牲财产生命,嗣是其国势必益昌盛,因为他们的主义高尚,又正合于世界的趋向。其次受益者为比,为法,为瑞士,为荷兰,再其次为中国。中国数千年来,迷迷糊糊可以说是未醒,而今一醒正当其时,英文字可以说中国人一睁眼,正在 right track 上。而日本挣扎数十年,而一睁眼正背道而驰,可算真冤。吾国人可算真便宜,然而如此便宜,即听之乎!抑当急起直追,以图挽救。挽救之方何在?即在教育。故愿同诸君一商教育问题。先时吾国教育目的,为尊君、尊孔、尚公、尚武、尚实,而今又当如何增减?予在途中同严、范二位先生谈,何为教育宗旨,当本其国情而定之。论中国古时教育,在三代以上甚好。予尝对美国同学及先生讨论学科目,一切均以切于现在生活为准。予告彼等,中国上古教育之完美,并举一例,即当日孔子所用的学科目:诗、书、礼、乐、射、御、书、数,即达情之歌、纪事之史、礼节、乐谱、射击、驾御、做事、计算。① 在当日两千余年前,可以算很完全了,到后来就是因为君主专制,所以愈闹愈糟。列国时诸子思想奇特,颇有所现,因之后来君主愈发设法限制,甚至杀害。君主这种组织在世界上实在是很奇怪,大臣以孔子之道劝君,使之爱民;君主以孔子之道教民,而使之不反。先时文人尚可随便说话,入后则君主制人方法日益进化,则限制人之思想乃愈严,直至清时八股可谓极矣。幸工商尚未受骗,所以尚能支持至于今日。吾国历史上亦有革命,不过重翻旧篇,再做一遍而已。由唐改宋以至元明清,都是照样文章的太祖太宗,天子登殿,群臣称贺。直至清末,国人为世界潮流所激荡,遂成辛亥革命。这次革命以来,改头换面,已经是旧篇历史上翻不得的了,所以捣了七八年的乱。由此以后,尚恐怕是不只七八年。外人问我将来中国怎么样,我简直不客气就说不知道。又有人问我中华民国可以保得住么,我说二三十年以内,大概没人敢弑君主。袁世凯失败于前,张绍

---

① 此处似混淆六经与六艺而言,将"书"释为"做事"亦不确。

轩①失败于后,就明明的是个证据。究竟中国仍然捣乱的是因为甚么?就是无组织,无人组织。近世发明之最大者即归纳法,由万事万理以证明一理,先此多用演绎法,由一理演至万事万理。现在世界各国长进法,比之如生植物,非但畅遂其天然使之茂盛,更加火生熟,使所生长胜天然者百倍。而吾国则蹙其苗,害其穗,并天然者亦不畅遂,奈何?

予尝谓今后世界上有最大长进希望的国,除了美国,就是中国。国人不可不知。而吾民国在在都没到底,所以图救之道既须信民国,尤须信教育。今后教育,当一尚实(勿虚);二尚理想(勿妄);三按科学法教之做事,即凡做一事,当先研究,后计划,然后执行,最后则批评之,以见短长;四当利用物质,利用科学——去岁大水,物质害人,而人不能于事前制之——学科学当学其用法,如观察、试验、公式等,而其原理之价值甚有限;五当学组织,先时专制时代,"二人偶语弃市",而如今人批评毫无实验,发不负责任的苛言,不知事理的难易,又是过当;六当学社会科学,即打破旧家族制度,而成国家,旧家族可以谓之一堆一块分不清楚,不成民国,今当将此制度打散了,使成个人,然后再合起来使成社会,使成国家。若按如此进行起来,个人的进化,团体的进化,必当蒸蒸日上,民国的盛治,可以说后会有期。要想造新民国,不可仿造,当想造,创造。中国当年即非仿造,更当看活了,凡事都要问问是如么。如是,则将来中国强,即于世界有关,因将来世界要缩小,中国要涨大。

(载《校风》第 116 期)

---

① 即张勋(1854—1923)。

以社会之进步为教育之目的[①]

(1919年2月12日)

开学之始,曾以活、动、长、进四字相勉。而今合起来论此四字,不过单就个人的长进而言。

夫教育目的,不能仅在个人。当日多在造成个人为圣为贤,而今教育之最要目的,在谋全社会的进步。

诸生当听过进化诸说。下等动物长为高等动物,高等动物进而为人。人再长又分为二项,一为心理的长进,psychologically,一为社会的或合群的长进,sociologically。

人同人组合起来,其效用能力之大,自非一人可比。现在世界何国最强?其原因何在?一至其国便可了然。其最大的原因就是比我们齐,亦如一家,哥们兄弟均不相下。若一家只仗一人,则相差太多。社会国家同是一理。所以,近来教育家不仅注重个人长进,并注重社会的长进。Social end 不仅在心理的长进,而在多数人的齐进。因为社会乃个人联合而成者,若社会不进,则居此间之个人亦绝难长进。是以个人强,可以助社会长;社会长,亦可以助个人强。是二者当相提并论,不容偏重者。

现在西洋人对于教育青年,均使之有一种社会的自觉心,social consciousness,而吾国多数人尚未脱家族观念,遇公共事则淡然视之。予前去北京,于车中见有以免票私相售受者,何其不知公共心一至于是耶?彼以铁路为公家者,但能自己得利,则虽损坏公共利益,亦无所顾及,而旁坐诸人,亦以此非自己之事,故不过问,亦不关心。若此情

[①] 本文系张伯苓所作修身班校长讲演的纪要,由幸蒙笔录。

形,实为社会流毒,social evils。细考京奉、津浦各路间,此类事殊不少见,似此流毒究竟责在谁人?吾以为虽有强政府,有能力之总统,严厉之法律,有组织之路局,亦不能铲除净尽也!惟有国民社会的自觉心可制此毒。舆论力攻,众目不容,以此对于公共事业之非理举动,即对吾等个个人之举动,有伤于吾个个之权利,则若斯流毒,无待总统法律,自然消灭于无形。国民社会自觉心,诚有不可及之效力。

在京见美国公使,谓国人近来能得钱者,发财后多退入租界,是诚可耻之事,而舆论亦不攻击,甚有争相仿效,以不及为可辱者,真是怪事。而予窃不为怪,因其所以如是者无他,国民的社会自觉心,social consciousness,未长起来耳。

今者时间有限,姑不多论。即就所以长进社会自觉心,而能谋全社会进步的方法上着想,则须于改换普通道德标准上有所商榷。

若不骂人、不偷、不怒、不谎、不得罪于人等事,先时多谓此为道德很高,然而此为消极的,于今不能谓此为道德。盖彼者不过无疵而已,于社会虽有若无。今因于社会进步上着想,吾等当另定道德标准,谓:"凡人能于社会公共事业,尽力愈大者,其道德愈高。否则,无道德可言。易言之,即凡于社会上有效劳之能力者,social efficiency,则有道德。否则无道德。"若斯数语,包含无限道理。愿诸生用为量人量己之尺,相染成风,使社会上渐渐均用此尺度已,亦用此尺量人,则去所谓社会自觉心、社会进步者不远矣。

然而徒知此理,于社会毫无所用。先时教育多尚空谈,殊觉无用,若无实习,恐且有害。美国某教育博士曾谈笑话,谓有函授学堂教人泅泳,学者毕业后投身水中,实行泅泳,竟至溺死。此喻仅知理论而无实验之害,诚足警人。诸生欲按此尺而为道德高尚之人,幸勿仅求理论,更当于己身所在之社会,实在有所效用。于此先小做练习,至大社会时,自然游刃有余。所谓己身所在之社会,对诸生言,如班,如会,如校,如各种组织,均是。予此二次所言者,即教育着重个人的长进,更须着重社会的进步。

(载《校风》第 117 期)

教育为终身事业①

(1919年2月14日)

(前略)前此办过专科二次,好批评者有谓为维持本校运动计而立专科,有谓为维持本校新剧计而立专科,又有谓为校长名誉计而立专科者。若此均不待辩论,识者自知。究竟办大学与不办大学比起来是难是易,于此亦可了然。予前给在美留学生将来本校大学教员凌冰②去信,告诉他将来在这办大学是一个很不易的事。这因为予由美来华之先,即曾同凌君谈到办一件新事的困难,而此次无论如何必极力去做。意者或谓,南开中学已千余人,事业非不盛,主其事者何乐不可休息休息!抑知此种思想已十分腐旧,教育的事业乃进的,又安有止境一说?先时教育为扬名声,显父母,而今日则迥乎异矣!教育为社会谋进步,为公共谋幸福;教育为终身事业,life work,予于此至死为止。所以必立大学的原因:

一、现在教育在别一方面言,即使青年合于将来社会的习惯,加大学即将其习惯加长,使造成益形坚固之习惯。

二、中学毕业后,直接在社会上做事不足,故需有大学的培养。

此外,仍有一个次要的原因,即国中国立的、教会立的大学虽是不少,然而真正民立的大学却不多见。须知今日中国所以幸存者,多半是因为世界的舆论帮助。然而吾们亦当教世界知道,吾们国民能做点事,所以这亦是旁边的原因。

至于大学的筹备,一、人才方面,有凌冰先生,并转在美约请数人。

---

① 本文系张伯苓在南开学校1919年春季始业式上所作演讲的纪要,由幸蒙笔录。此处节选有关南开大学筹备的段落。题目为编者所拟。

② 凌冰(1894—1993),南开大学教务长,教育家,外交官。

二、财政方面,予此次至京,各界均有意帮忙,并见南开旧同学,尤极高兴,严先生已预备至各处捐款。本月十五日,为此事在校内开一乐贤会。(略)

予今日所言者,无不许如何、不准如何等消极的报告,惟望大家一齐努力,共跻于成。

(载《校风》第 117 期)

学校的意思①

(1919年2月15日)

今日开会,其宗旨,一方为欢迎校董,一方为得与学生家人联络,而其主要意思则在长进。今日次序,上午为展览会,此刻为乐贤会,晚有新剧以助余兴。予今借以得与诸位家长谈谈。今日到会者千余人,若一一面谈,殊难周到。诸位若有所见,亦请随时指导,本校无任欢迎。

诸位已看过东楼上,其第一室为校中历史,表明本校当日如何渐渐长成,第二为学生手工室,极简单,不过学了半年,成绩颇不足观,三为出版室,四为体育室,五为学生之组织及学校办事法,此外有讲室、饭厅、宿舍、会所、义塾等等。诸位如有未看完者,明日下午二点仍可来。

当诸位看本校历史时,即知本校发起在严先生家里。现在中学已成立十四年半,再往前说,则在二十一年前,即戊戌变政时,彼时无所谓改良,严先生由贵州学政返津,倡议改科举,其时予即在先生家教其子侄六人英文、算术等,后又有王宅书房数人与此合并,遂于光绪三十年改为中学堂,堂中共有学生十三人,此即十四年以前事也。后集款建此,学生渐加,现在有一千多人。此校纯是私人对于教育热心办起来者,起手捐款为严、王、徐诸先生,后渐长,乃加入省款,亦因有官立学校学生归并。为此故也,敝校办理不周之处,在所难免。而敝校所最注意者,即教育方法。彼时学校初兴,办事多主严,致风潮迭起。此点本校所主张稍有不同。盖纯严则压制学生使不得长,而学生此时正

---

① 本文系张伯苓在南开学校乐贤会上的演讲,由幸蒙笔录。题目为编者所拟。

在长进之期，岂可阻制。孩童当五六岁时多好跳跃奔走，如吓之不使动转，殊碍其生机，结果则一班人身体多不强健。或谓如任孩童随意奔跑，恐有损筋折骨之险，然而绝不当因此即使之不长，而当设法使之跳而不至损骨。盖如在此五六岁时，不顺其天然使之长，则成人以后虽欲不能矣！近闻有国家中孩童由小学放学甚早，喧闹不堪，于小学功课以外下班后仍送之于塾师，以图省心者，殊不合于生养之方，仅图省事不顾幼孩之长进，遗害无穷，此关于教养幼童心理二方之极简道理。

中学时之学生，正在发展集合性及做事心之际，量以多好动。教育家当于此时因其势而利导之，为之做种种预备，若竟图省事，则此时少年丢去许多长进的机会。何以国人外交屡屡失败？无团结力，即少时无练习之故，至长成做事，于社会为软弱，见外人则摔倒。如今亡羊补牢，正当使青年顺性发达，以练达其做事心及团结力。凡无害之事，则放心使之自由发达；而于坏习惯则丝毫不容，如烟酒、嫖赌等事，犯者绝不宽假，至二十（岁）以后理解可以胜嗜欲，自然可以无虑矣！外人每评论吾国人无团结力，如散沙，好自争，是固然。其原故，因吾辈年幼之时即无此种练习，比长成至社会再去练习团结，抑亦晚矣！

向者，人多以到学校为念书，其实学校的意思不止于此。到学校当学生活之方，当学共同生活。如只念书而不会生活，则非徒无益，而且有害，是以当随时使之做事。起初亦有小争，以其幼时自私之念尚未消融，而渐渐则极有秩序。对于此点，予不能不感谢诸位（对学生家长言）子弟之良善。予亦敢以此十四年之经验，证明吾国人可以往民国去做，更由此可以报告诸位，中国是有希望。

此外尚有关于学生之事数项，欲向诸位家长面谈。第一，即关于钱财。本校章程，入校时均使之写账，此种习惯极需养成，即便钱多，亦当知节俭之道。诸位可按报告与学生算账，于此亦可助学校之不罔。天津地方，如三不管为最不清洁，本校特派人在彼处巡查，凡有犯校章者立即革除，于此不能不严。至二十（岁）以后，好习惯已成，即无需监督，自然亦不至错步。而家中人往往因子弟一星期在校用功，至星期日则纵之使消遣于恶劣之地，学校六日建筑之功，每因此一日遂至破坏,是以格外请诸位注意。又如娶亲一事。本校定章,不至二十一(岁)不得娶亲,违者革除。早婚于学问、进步、道德诸方面均是有损无益。其所以早婚的原因,大概多由于祖父母或父母欲多得一辈人,是固然。然而得一辈伤一辈,究竟何益?有时学生因早婚为本校察觉即行革除,家长来言亦无法通融。或谓定亲已久,至今不能不娶,固属至理,而鄙意亦深望诸位家长勿早为子弟定亲。就中仍有琐事甚多,恐不能一一向诸位面谈。如学生告假一项,本校亦事事从严,用电话不能告假,必须有相当理由及信。如随便使学生告假,即使之多一说谎机会,于将来极有影响。本校如查得其人作假,亦无大罚,申斥之而使之知所悔改。盖犯过之人未必均是坏人,大多由于习惯或由于软弱。有病,所以当可怜,而不当过斥,过斥亦往往无效,如得其病源而告之使改,其人更爱服,往往流涕誓改,是以教育当防其有过,而于已经有过者更勿记恨其过,当设法使之改悔。此外,凡本校有不周之处,切请时时指示。前者有学生家长因学生所着大氅无处放置特来相告,同人颇感其言,即于东楼旁设法匀一通学生存物室,虽多用一人多占一屋,而为学生方便亦所不辞。然往往因经济的限制,不能事事满意,但能为者必尽力为之,若能得诸位经济上的辅助,尤极欢迎。

此次到美,愈觉现世为民主发达时代,而吾国所处与此主义正复相合。现在世界已将强权打消,当鄙人走时东邻极强诸多欺侮,而今世界帮助当无多虑,然永仗他人帮助,绝非其道,是以须自造民国,而教育事业益不可缓。现在大家商议借着南开作一大学。或谓左近已有北京、北洋及教会所立大学,无须再多此一举。其实不然,教育无嫌其多者,但看学者多否,如学者多则可加多。美国学校各有各性质。本校性质纯为私立,在作成由人民所立之学校,现在筹款筹地,蒸蒸进行,事事多仗人民私力,即徐菊人先生虽为总统,终为本校旧校董,亦系一人民资格。诸位均知南开为私立学校,有先生,有东家。当日由严先生一人当东家,已有如此进步,若诸位者今日均为东家,则前途益觉光大,所以敝校对于诸君有无限欢迎。

(载《校风》第116期)

做事之方法[1]

(1919年2月19日)

日前我们开展览会及乐贤会,会前大家说要教它成功。洎今回想,诸位师生及来宾均极满意,我们本校的人借此亦可看看本校的真象,知道自己的短长。予初由外边回来,更可借此振作精神。若论此会的效果,除经济的社会的以外,对于我们个人做事的经验,实在长了不少。

上次吾说了两个题目,一个是教育对于个人的长进,一个是教育对于团体的进步。如今正在开会之后,回想这次做事的手续,颇可论论,个人可以由此得经验,团体可以因此有长进,故今日题目为做事之方法,盖此亦教育目的之一。

人必得做事,然后才有用。即无用之人,亦需做事,如同普通人人必行的吃饭、如厕种种琐事,均需自己去做。所以既为生人,便须做事。不过做事的法好,则效力大;做事的法坏,则效力小。吾们比别的国人相差的点就在此。

譬如将做某项事,事前想想如何做法才好。这时候所念过的书,所得过的经验,都要拿来放在心里,作为参考,到底是怎样做法才好,这就是做事的第一步。顶到想出各方面的情形来,然后再想从哪儿去做,这就是第二层。然后第三层就是实地去做。做后反复思维,以见这个事的效果何如,便是第四层。是以做事当有四层手续,虽不必层层去分,或者并未想过四层的道理,然而无形中这四层总须有的。不然这事便不易有好效果。这四层:一研究,二计划,三执行,四评论,英

---

[1] 本文系张伯苓所作修身班校长讲演的纪要,由幸蒙笔录。

文名词为 study, plan, execute, judge。末后评论一层亦实在要紧,因为这就是专制与共和的分别。专制则只有遵命,共和则必按理去行,后复加以评论。此次所言为如何去做,下文当言如何去想。

(载《校风》第 118 期)

本校教育政策[①]

(1919年3月5日)

上星期六晚,曾到校内校外各处宿舍看看,若干的少年人从远方来,在这里求学。要是有年纪长的人常常同他们谈谈,可以帮助他们长进,亦可使他们安慰快乐。可惜近来校中人太多,无法一一亲近。在当初二三百人时,予于全校学生都能认识,并可略道某家中事。

该晚与学生谈时很乐。见他离家来此,颇有志气。以前所谓各省的学生,大半都是各省的人寄居京津的。而近来从安徽、山东、山西、广东、江浙、东北各处来的学生,多半是由本省一直投入本校。这些人都能舍家远游,必定有志气;家里肯供给到此来读书,必定有造就,所以愈看愈乐。我就问他们各处的学生,因为什么到这儿来。有好些人就说,他本省学校办得不好。这些人既然来到本校,志气极高,将来必有为领袖的机会。其中虽有一二人目的未定,然而有目的实居多数。其目的都是很可尊重的。

诸生既到本校来,须知本校亦有本校目的。人类所以比他类强的,就是他能可以用方法去达到他的目的。本校要师生合起来,去达到两项相联属的目的。这就是本校的精神,亦可说是本校教育政策。这两项就是"理解"跟"自由"。

所谓"理解"者,即一切事不使学生专仗先生去推,当认清理解,自己去行,意在造出一班自动的人来。果能按理解去自动,即完全给以"自由"。近来自由几为社会的诟病,然而予不但不以为病,且欲多讲

---

① 本文系张伯苓在南开学校修身班上所作演讲,由幸蒙笔录。

育。怕者无理解的自由,若有理解,何故不给人自由呢?

(载《校风》第 119 期)

仔细思想①

(1920年1月31日)

改组的事情,我恐怕有些人误会,近来好像也没有了。在表面上看,似乎不必改组,若要打算 work 进步,必须改组。有人说,恐怕太早,学生还没有到自治的程度。我却不然,所以前几天我拟书草案和宣言。周恩来大概都报告过了,不必再详细说了。咱这个学校是社会的,是大家的,不是我一人的。你们有意见尽管说,可是不必尽遂你们的意见,也不尽走你们的路。青年人思想太乱,必大人引导之,教他们仔细思想,才不致妄信和盲从。

我病的时候,八代表找我谈话,我问他们,这种浮气应该有吗?他们答,以后管保没有盲从。可是什么事情总要想应当做便做,不当做还做么?他们所说的话,叫我很快乐。现在青年不是好问吗?就应该问干什么,为什么,结果在哪里,目的在哪里。大家要一同想想看。拿以前罢课来论,热心的人怎样?无论什么事情,要想这事情可做则做,全体一齐做;不对,绝不可做。最要紧平常要有预备,临时才不致盲从。东来西遂,西来西遂,不是自觉、自治、自裁、自由的人。

学生自治——现在有许多讲学生自治的文,《新教育》蒋梦麟②、杜威③、陶知行④三先生的说法大概差不许多,都是说要思想,要负责任——但是学生自治是很难的一件事,若个个人有各人的意见那就散

---

① 本文系张伯苓所作修身班校长谈话。题目为编者所拟。
② 蒋梦麟(1886—1964),原名梦熊,字兆贤,号孟邻。长期担任北京大学校长。
③ 杜威(John Dewey,1859—1952),美国哲学家,教育家。
④ 即陶行知(1891—1946),著名教育家。本名文濬,初改知行,后改行知。

了。这就是德谟克拉西①的毛病。所以解决现在的难题,惟有学生自觉。

可好现在一般倡文学革命的,如胡适、陈独秀都是提倡新的,这一年学生长得很快,我们也不得不谢谢他们。

明年的计划——下学期打算做的事情很多——现在通用白话文了,可是现在的杂志把批评和白话化而为一就不对了。白话文不独是写这一类的话,要翻译西洋的书。现在中国这样的新书实在很少,所以要紧要多翻译新书。明年利用博士——胡适、梅光迪②——请他们讲演学术,咱们可以看看他两位的意思,也可以知道新思想是什么,新潮流是什么。

(载《校风》第137期)

---

① Democracy(民主)的音译。
② 梅光迪(1890—1945),字迪生。哈佛博士。1920年归国,任南开大学英文系主任。曾与吴宓等共创《学衡》杂志。

学校的精神①

(1920年10月20日)

前几天我因为到南京去吊李秀督②的丧,本校十六周年纪念日我未能在校,所以今天召集全校师生聚在一起,一半是要和大家说几句话,一半也是要补祝我们学校的生日。我今天所谈的有两个题目:

一、关于李秀山督军的事。(略)

二、关于学校方面。今年学校的经济总算处处顺利,但是切不可松懈下去,仍应当用我们南开自幼那种坚卓不拔有毅力有奋斗的精神,来发展来进取。我这次回来,听说学校里精神不如从前,我以为诸位确是受了新潮的鼓荡,无所适从,不知道哪是哪非。此次诸位切不可仅仅持消极的批评,做那种无精打采的样子,全要挺起身来,要具有奋斗的精神去做。诸位对于学校有不满意的地方,大家可以写在纸上,简单说明这件事的理由,学校可以改良的,没有不改良的。再说这次对于灾民的捐款,远不及人。我们处处要想人家的帮助,我们就应当处处去帮助人。我们学校有一千多人,照旁的沪江大学捐一千余元,比较起来总算最低额了,以后得着机会,就量力地捐助。本星期六的新剧,诸位多多地代售才好,诸位对于灾民也尽点义务。

(载《校风》第145期)

---

① 本文系张伯苓所作修身班校长讲演的纪要。题目为编者所拟。
② 即李纯(1874—1920),字秀山。江西、江苏督军。

在南开学校全体教职员会上的开会词①

(1921年3月4日)

余在各地学校,常与人谈中国教育越办越糊涂。吾常言,读书可赚钱,只不可赚混账钱;读书可求个人之生活,更求大众之生活……如此作去,要自问是否与教育宗旨相合,是否与教育学生之目的相合?……试问学校之设施,是否合乎国家之需要?对于学生之输入,是否合乎社会之需求?造就之人才,是否将来有转移风俗、刷新思潮、改良社会之能力?若曰不能,是自小视教育也……若仅为个人增加知识技能而办教育,则教育神圣亦不足称矣。吾人……实具一改良社会之希望,因此次休课之暇,乃举行香山会议,以慈幼院为开会之所,列席者有本校各课主任及各班学生代表数人,借此以征求各班学生之意见。

此一段话,说香山会议成立之历史。在香山前后一个礼拜,所讨论者凡四十议案。精思细想,得有此一大结果。吾不得不感谢诸列席者,研究心之富,办事心之勇,为吾南开辟一新纪元,开一新道路,建一新楼台。

此四十议案中,有讨论有结果者,有讨论尚须审查者,有讨论未有结果待此半年继续讨论者。其中最要之点:

一、校务公开。学校一切事,不是校长一人号令,应大家共同商量,所以要大家同负责任。有了此种力量,才能一致地奋斗。况教育目的,不是饭碗,安有高过此的意思?若要达到这种意思,非得全体一致地动作不可,所以校务要公开。

---

① 本文由陈文波笔录。

二、责任分担。全校师生既是都负责任，必须认定自己的责，尽了自己的职务才行。史梯芬有言："决无一时就好的事，非得除了自己病不可。"我们在教育界做事的，没有贪的机会，但觉势力犹小，要广造新青年才行。然而若造新青年去改良社会，绝不是在书本上就行的，非得以身作则，用精神感动不可。

三、师生合作。此项决非空说即行。我们此次到西山，有学生十几人。当时学生中有说学生同去，恐于说话不便。然既同往时，大家一齐讨论，一同饮食、居住，精神是非常之好。盖无形之中即能感动。此后即将此种精神推于全校师生。

吾得有暇，以办筹款事务。至于师生校务研究等会，已有《香山会议报告书》，兹不赘书。

（载《南开周刊》第1期）

小团体的作用[①]

一般学校，最怕的是学生中把省界分得太严，因而生起冲突。可是我们学校，不但说自有学校以来就极力提倡学生组织各省同乡会，并且到了现在我们还极力地在提倡组织各县同乡会。不过，我们学校的同乡会，不但没有因此生起省界的冲突，反而由这种小小的团体去介绍新同乡，帮助新同乡。由他们本会的动作，可以使全体会员变成优秀的分子。他们的力量可以超过本校的管理员。这种令人惊奇的成绩，我敢说是我们南开的特点，也可以说是南开的教育方法。

为什么我们要让一个学校分成这些小团体？不是说是教他同乡相爱护，非同乡相排斥，是因为我们学校太大了。团体越大，精神越易散漫，不易于谋团体中不同等的进行。假如我们要把他分成许多的小团体，他们的精神容易团聚，他们的责任也容易个个人分担；他们的进行既快，可是他们要想变动，也是极容易的。

我们想想，为什么我们国家自改革以来，没有一点很好的进步让我们快乐？最大的原因，就是因为我们国家太大了。我们一省，就有欧洲一国的面积大。所以人数太多，精神散漫，并且人人都有推诿的余地，全不负责任，这是团体组织中一个最大的缺憾。现在我敢说，没有一个人——无论他有多大的才能，多大的权利——能够在最高的地位，动得了现在的中国。要想使中国有进步，最好的方法就是把全国分成许多的小部分，各自去地方自治。这么样才能够有负责任的人，有做事的人。如果要能如此做去，我恐怕中国不出十年，他的进步必

[①] 本文系张伯苓在南开学校舒城同乡会上所作演讲。

要大见。

所以，我要使你们组织这个小团体的原因，并不是使你们只在学校里做一个好学生，也叫你到社会里做优秀的分子；不是徒让你个人做一个好国民，也要使你帮助旁人都有社会分子的资格。要知道，教育不是叫你在学校里敷衍考试就算完了，是叫你应用你所学的，做那些大的事情。你们全是从一县里来的，对于你们的本县，你们应该负责任。你们应该在本县里，最先着手做那改良、增进、振兴、负责任的事业。你们舒城县的教育怎么样？不好。不好，就应该提倡。实业怎么样？不发达。不发达，就应该振兴。交通怎么样？不便。不便，就应该开造。社会风俗怎么样？太污浊。太污浊，就应该改良。你们现在就应该做起，乘着暑假回家就去实地调查。用你们的脑筋想方法，去进步，去改良。你们也学学张季直①先生，把本县办成一个模范县。这种社会服务的事业，不就是生活吗？这种都是最有益于社会，最有趣味，而且成效最容易见的生活。我望你们要常常去用你们的思想，并且多多地互相讨论问题。人人都说现在的学生是中国的希望者。不过，假如你们要不向我说的这条路上去走，我恐怕你们要是中国的失望者了。

(载《南开周刊》第9期)

---

① 即张謇(1853—1926)，近代著名实业家，教育家。

暑假作业[①]

(1921年5月31日)

暑假将至,你们学生应做何事业?这是我的问题,欲你们想方法解决的。我说此问题有几层原因:第一层,学生平日在学校里有各种功课及事务去做,能各本己力尽量发展;到暑假期内,日既久,家居又无事,遂将在学校所学的忘去大半。第二层,想种种方法预先告知你们,以求免去第一层病,然终无甚大效果。以此是建议的悬想的。按以上两层说,第一层,学之后又失其所学是错误;第二层,虽有方法求免此弊病,然又难以见效,所以按这两层看,皆不能满足我们的期望。

究竟有何善法能免去此弊,想在这暑假之中不唯能保其所学的不失,而又能利用这时机有所进呢?有人谓不放假。然现在教育与从前教育是大不相同,其不同的点可以分为两项:一、从前学校是私塾,学生成年读书,自早至晚很少休息的时候,所念的书是没现在这样多,速率也没现在这样快,所以终年不放假于学生各方面不甚发生影响;现在则不然,如终年不休息,学生身体必觉疲乏,所学课程必无时去回想,去与社会相考证。此是对于学生方面说。二、教员方面也是相差甚多。从前私塾教员较现在学校教员担任课程少,用力也小。按这样看起来,学校不放假是做不到的。此外,尚有种种原因,必须采用暑假放假制度。

所以想利用这长期的暑假,必须另拟别法以求长进。如:一、在学

[①] 本文由刘炽晶笔录。题目为编者所拟。

校有各种会,你们可借此做发展个性的机会,到暑假可自己随意选择事做,不必拘于学校内的死格式。二、你们在学校所读的书,皆是离开物质来讲,无事实可见,无暇看社会中的一切组织,调查各地的风俗,以及看各处的美景、山川等。借此暑假,你们可出学校,身临物质现象界,与平素所学的互相比较一番。三、社会服务。可在暑假期内帮助社会做事。中国社会应当改良或去做的事很多。今早校务会议关于此事略有讨论,提出暑假期内可在社会服务的事,材料非常丰富,可做的事非常的多。

你们有这里的,有在学校住的,有在乡间住或城市住的,有组织团体或竟由个人发起做事的,然无论如何去做,第一步必须先有一定的计划(plan),然后再有何种组织(organize),末尾看发生什么效果(result),俟回校以后个人作成报告。这是于自己于社会双方面均有利益的:一、于学生自己方面,可借此与在学校平日所学的联成一致,与课本相调和,又可借此明白一切事实。二、于社会方面,可为社会做少许事,又能借此明了社会的真相,补助教育之所不及。

本以上种种,综合起来可分数项:一、曾做过何事;二、有何经验;三、有何理想——方法及组织。在此时间内,可各发表意见,说明以前已具何种经验,或假期内想做何事业,以便彼此讨论。如住在乡间的,就教育方面说,可分为创办学校与帮助学校二项:一、创办学校。须视各地情形而有不同,如钱如何筹法,应与何人会商,如何求官费补助,以及聘请人员等,皆须一一虑及方可。二、帮助学校。如本村小学欠改良,即可视其应改良之某点多加帮助,如体育上的帮助,或补助学生课程等等。此外可做的事尚多,如调查农人的状况,各处的风俗,有何景致可以描写,或各省现时的情形如何。就住在学校的说,温习功课,做通俗幻影演讲(如前年暑假期所做者),或参观本埠各工厂等,此皆是可做的事业。如自己不能做到,学校亦可代为介绍。要之必须能看、问、做,方有进步。

不久学校发一种格式表,每人可照表填写己所欲做的事业。总之,我们生在世上,是要求活生命,不是求死生命。

(载《南开周刊》第10期)

对南开出版部的希望①

(1921年6月2日)

香山会议后,全校各组织均向进步方面发展,而学校进行之目标,亦即欲经一次之变动,求一种之长进路程。在出版部方面,则比较帮学助学校为多,此就以往事而言颇可满意者。若于未来则尚有一事,请诸君计划,即值此思想助革新之时,我校适经过此路程,此后即宜如何想方法使之进步。吾忆杜威先生曾说:"吾人在社会上须能应付环境,然后踏定足跟,自己造新环境。"此所谓活人活组织。今日吾希望于出版部者,亦即能定准方针向前去走。俟假期后,再合大、中两部新来教员及特材生想方法利用此出版部,领全校千余人以正路,不受外间之被动,寻自己之方法。

(载《南开周刊》第11期)

---

① 本文系张伯苓在南开学校出版部联欢大会上的讲话。题目为编者所拟。

南开大学之动机①

(1922年9月18日)

今日为我校大学部成立第四学年第一学期的始业式,吾略备数语与诸位同人和学生一述之如下:

南开大学系由中学部所产生。吾犹忆十数年前南开中学始成立时,天津中等学校同时而起者不下七八处,如官中、新学、长芦、明德、私二、私三等,皆争胜于时,而至今存在者已无几;若发展由数十人、数百人以至千三四百人者,则更希矣。此中消长情形,固有幸与不幸之分,而南中办事诸同人和学生笃信教育万能之梦,至处此经费极困难情形之下,仍能煞费苦心,竞争不息,亦可大增吾辈办学之信心矣。然非即以此为满足,中间亦屡次欲提高学生程度,如开办专门班二次,皆以经费无着与章程所限等原因而停止,致将学生转送他校,至今犹以为憾。现大学成立虽逾三年,而其始亦几经波折,始克继续发展至有此小小之成功。此数年间与吾校同时而起之大学,如东北、西南、东南、河北、鄂大及厦门等,皆耸动一时。而至今除东南、厦门与南大三校外,他将成为泡影,或至今尚未实现。东南与厦门两校学款尚裕,可望持久。吾校经此三年之试验,学生由数十人增至今三百数十人,与前相较,增且数倍。以学生言,可谓幸事者一。年前以校舍狭窄,难以扩充。今得津南八里台广地数百亩,以充建筑校舍之需,第一处楼房一二月即可告竣,则第一班毕业诸生,明春定可在新校址举行毕业典

---

① 本文系张伯苓在南开大学第四学年始业式上所作演讲,由刘炽晶笔录。题目为编者所拟。

礼，当不至再有转送他校之虞。以校舍言，可谓幸事者二。吾校经费自中学既感困难，然从未以此而中止。今大学经费，三年来亦不充足，不久将再事筹款，或可望有成效，且美国煤油大王前所捐之十二万五千元科学馆助费，亦可望领到，则今日理科诸生明春当能得大科学馆之享受。以经费言，可谓幸事者三。此外，大学最要者即良教师，现在座诸教授，皆一时之硕彦，从此教诲得人，诸生受益，当非浅鲜。以教师言，可谓幸事者四。

以上乃数年来吾校成立之历史与此后进行不已之计划也。然年复一年，茫然计此者何为？此即吾南开大学教育目的何在之问题。吾将借此机会为诸生约略陈之。

吾族自有历史以来，世世相传，从无过极困难之时期，如吾辈今日所身遇之甚者。盖前此所谓之困难，乃一族的、一事件的，甚或一二年的。今吾辈所身临者乃外界潮流突来之打击，未及应付，即将吾固有之环境打破，以致标准丧失，是非混淆，社会泯纷之象日甚一日。究此原因，即所变者过急，国人莫能定其新环境以抗之也。故外潮一入，民气全失。长此以往，黄帝神明华胄，将何以堪？于是忧时之士，始也希冀袁氏帝制推翻后，则一切泯纷之象皆可迎刃而解，全国上下就可好了。既袁倒，而泯纷之象如故。于是又转其希冀之点于张勋复辟失败，于安福失败，于直奉战终等，而前此泯纷之象至今仍如故。"就好了"三字之梦乃大失其信仰心。然则此问题将如何以解决？吾无以答之，惟求之于南开大学教育。

约翰·杜威（John Dewey）于其《民治与教育》（Democracy and Education）一书中，前四章论应付此种外力之法最精微。谓当一新环境之袭入，须先自定方策，即有一种动机，以应付外来环境之逼迫，以与之较胜负，继续不已，以至终身，始克得胜。今吾华民族所最缺乏者，即此种有动机而能引领全族出此迷津之领袖。南开大学即造此领袖之所望。今日在座诸男男女女，一秉此心，自强不息。

总以上所言，此次大学成立之动机系第三次之试验，此后将打破艰难，永无止息。至成立之历史，则一由外界之帮助，二由内部之增长——校舍扩充,学生增加,教授得人。而教育之目的无他,在求此解决吾华困难问题之方而已。此问题吾知非一时所能解决者,然"百尺高楼从地起",事无大小,全在精神。《圣经》有言:对小事忠心者,对大事亦必忠心。故吾敢语诸生,凡事不在成功,不在失败,只视其如何竞争。今吾辈既生此时艰,万勿轻视自身,须记汝责任大,机会好,志向一定,前途正远。人谓南开今日虽小,后望方长。他吾不知,吾惟知"穷家子弟咬牙紧","生于忧患,死于安乐","天将降大任于是人也,必先苦其心志,劳其筋骨……"①,望与诸生共勉之。

(载《南开周刊》第41期)

---

① 语出《孟子·告子下》。

南开学校的公共目的①

(1923年3月6日)

在正文以前,我们必须先设两种假定:第一,南开学生的求学是有目的的,不是应酬先生的。这一点可用一种事实证明,即大多数南开学生皆系远道来此,不顾一切艰难,所以大概是些有志愿的青年。第二,南开教职员的做事也是有目的的,不是只为谋生的。这一点可用南开的历史证明。此两种假定既已成立,再谈南开师生的公共目的。这个目的,简单说是,期望每人皆成一个人,不像草木一般,受了风虫的摧残就不能有充量的发展。换句话就是,使个人皆得充分地发展他的本能。

有目的而无具体的方法,则此目的必等诸空言,而方法又必须随时改新,始能有不断的进步。本校本学期有专家拟对于管理、教授诸方面均大加改革,其细目则俟他日另谈。

欲求成功,尤必须有一种合作的精神,然后遇事才肯发生兴趣,不肯将改革视为多事。我们今岁改革的成功与否,也就在乎这一点。

本学期新生甚多,诸生皆在本校求学多年,务须处处谨慎,以做新生之表率。

(载《南开周刊》第56期)

---

① 本文系张伯苓在南开中学1923年新学期第一次修身班上的讲话。题目为编者所拟。

本学期之改革①

(1923年9月3日)

今日为本校第二十学年之第一日,而一切仪节,在本校旧职员看来,与最初实未有若何变更。本校学生数目,就住宿者观之,在中国固尚未有,在世界亦属罕有之大。此后已决定学生数目不再增加。然办事者之初心,固未尝有希望学生今日之多,只因年来社会之需要过巨,致演成今日情形……此次开学后,新生甚多,高二、三学生一切行动务须自检,以做新生之表率。责任之重大,正似以前之大学部学生。

本学期之改革,在教务上,注重学生自修,以期养成学生自己负责任之习惯,庶几当将来应事,不致如旧日未受此种训练之学生,只是能盲从,不能自动。在训育上,本学期最注意之点,在使诸生养成沉毅之习惯。三十年前,中国社会异常沉默,故有人倡说以动之,然只是破坏而不能以之建设。试观今日中国之现状,政体虽早由君主而改为共和,其实则进步甚寡。推究其源,亦不外国民缺乏沉毅之气。故本学期训育,多注意此点,以期将来国民之改善。

(载《南开周刊》第68期)

---

① 本文系张伯苓在南开中学第二十学年始业式上的讲话。题目为编者所拟。

办大学之目的[①]

(1923 年 9 月 17 日)

办大学之目的,在信学以致大,学以易愚,学以救国、救世界,学能求真理又能改善人格。故欲达到此目的,须自大学时代做起。一学者终身从事于学理之研究,然做学者须先具以下五种善行:一立志,二敦品,三勤勉,四虚心,五诚意。

(载《南开周刊》第 69 期)

---

① 本文系张伯苓在南开大学 1923 年秋季始业式上的讲话。题目为编者所拟。

吾人抱同一之目的①

(1923年9月21日)

吾人平日所任之职务虽不同,但吾人之目的则一。目的维何?就是要造就新人才,去改造旧中国,创造新中国。因为吾人抱同一之目的,无论吾人所任者为各课之职务,或各科之功课,随时随地都宜往同一方向走。力合则效力大,力散则效果微。望同人其共体斯意。……任教育者当注重人格感化。人格感化之功效,较课堂讲授之力,相去不可以道里计。

(载《南开周刊》第69期)

---

① 本文系张伯苓在南开学校全体教职员会餐时的讲话。题目为编者所拟。

中国将来之希望[1]

(1923年11月1日)

余近年来因为本校筹款,在校时日甚少,每以为恨。本星期幸得暇晷,曾巡视校中一切状况,见秩序极佳,诸君生活亦按部就班,无不合乎规律,心中颇觉欣慰。近年来,余在社会中所见之现象,既多杂乱无章,又多悖不合理,心中蕴有无限忿恨悲观。而到校一视,辄觉心平气和……余在外所历艰难甚多,然因之亦得有制止之法,今试为诸生言之。

其一,余为学校筹款,常因不成而不豫。然一般为个人私利者流,则终日奔走,未尝见其厌倦。于是念及孔子"吾未见好德如好色者也"[2]之言,则知己尚有未足,不豫之情乃潜然消除矣。

其二,近日时局混乱,对之每生悲愤之感。然细思之,此种混乱,非过去几种事实之当然结果乎?既属当然结果,尚何悲愤之足云?由是可知,吾之所以悲愤,得毋因不确知事理之缘因乎?念及此,则悲愤之气乃全归平静矣。总之,吾人对于外界一切事物,苟能责己,则一切不平之念,俱无发生之余地矣……

然则今后之中国果尚有希望欤?悲观者视之,自非断定无希望不可。但试进一步思之,亡中国之道有何?统观之,不外两种:其一,为因外力之侵略而灭亡;其二,为自己不振而自杀。中国目下能为外力所灭乎?以言欧洲,则大战后一切异常凋敝,数十年内,彼辈自顾尚不

---

[1] 本文系张伯苓在南开学校高级修身班上所作演讲。题目为编者所拟。
[2] 语出《论语》,见《子罕》和《卫灵公》。

暇，未必有余力以侵中国也。以言日本，则一面受美国之牵制，一面受此次天灾之损失，亦未必有力外侵。是可知中国之最近将来，固决无外侮之虞，而一切希望均在自理无疑。然反观国内一切情形，则使人既愤且悲。本无定乱之法，而想一不合理之法以处理之，结果则现象愈混乱矣……推测中国最近之乱源，厥在人才缺乏。固有数以人才名者，然以其非真人才故，不能赖以处置各事。故中国之将来希望，纯在人才之多寡。而本校办理之初衷，即以造就人才为目的。诸生须知，少年在今日，做事之机会最多，果尚不能负一责，未免大可惜也。愿诸生勉之。

（载《南开周刊》第 74 期）

袁太夫人追悼会致词①

(1923年12月9日)

今日之追悼会,其意义凡三:

其一,为纪念袁太夫人屡次对于本校之捐助。袁太夫人之捐助本校,非自建筑科学馆始。往日,大学部始成立时,缺乏理科仪器,述之先生即慨捐金一千镑,为本校购置理科仪器之用。此事诸生在理化教室所悬之影片,当可悉其梗概。后美国罗氏②基金团欲捐助中国两大学,专为促进科学教育。受捐助者,一为东南大学,一即本校。基金团所应数目为二十五万元,但须以本国能捐其半为条件。彼时,述之先生禀承慈命,立认捐七万元。此数固尚未及半,然余因之始敢应基金团之条件,大学部之科学馆亦因之而得成。现此馆已将竣工,特名之为思袁堂,即所以纪念袁太夫人也。

今日之追悼会其第二意义,为使女生得一模范之人格。本校成立以来,初仅中学,三年前成立大学,今岁复成立女学部。成立女学之宗旨,即为提高一般女子之人格。中国现在社会中,每谈及妇女参政、社交公开诸问题。然吾以为妇女之知识苟能提高,则其能力、其人格自亦因之而增高,其他枝叶问题自均易解决矣。袁太夫人所受教育,本无一般新女子之多,尚其教育子女服务社会之精神,则或为一般妇女所不及。现代女子其受教育之机会,既远多于袁太夫人,苟能获得袁太夫人之精神,则中国将来何患不强?

---

① 本文由《南开周刊》记者笔录。题目为编者所拟。袁太夫人,即袁世凯再从弟袁世传(字述之,?—1926)之母。

② 今译洛克菲勒。

今天追悼会之第三种意义,为使社会得悉袁太夫人之精神。现在一般之教育子女,其唯一希望多属升官发财,而袁太夫人则绝不使其子为宦。此中原因固多,然袁太夫人实深悉在现在为官之非是矣。太夫人令诸子皆从事实业,既有所获,而自奉极俭,遇社会中之公共事业,则无不慨然捐助。此种精神,社会上苟能得之,实最为需要。

(载《南开周刊》第79期)

中国近日现状①

(1923 年 12 月 20 日)

诸生近日阅报,虽或未能知中国现状之真象,然亦必得一极恶劣之印象。今试分四项略述之。首为立法。此为立国之本。然观近日来国会内部之捣乱,自身尚不能顾,又何能望其有余力以处置国事。其二曰财政。中国财政近日已可谓到山穷水尽之处。就外债观之,民国前外债计七万万元,至今日已达到二十二万万元,十二年间已借得十五万万元之外债。至于今日国家收入,只有盐税余款,而政府仍屡据以借外债。其三曰政争。其四曰内乱。综观民国数十年②来,政争无时不有,而就中最显著之事实,即所谓武力统一政策,以致近年来经过无数兵队扰,已大有非武力统一不可之景况。彼主张此说者,或竟据以自称其所见之是。殊不知,此种局面固皆由彼辈所造成。统观中国近日情形,处处可使人悲观。青年处此时代,思之或谓为不幸,然亦可谓之大幸。盖当此种时代,凡意志薄弱、庸庸碌碌、毫无作为之青年,皆必须失败,此不幸者也。然一般意志坚强、奋勇、欲有所为之青年,则皆可借此时以遂其愿,此实大可幸者也。诸生来校求学,务须有大愿力,大魄力,以及持久之奋斗力,则将来以之应世必大有成就,而深幸得生于现代也。

(载《南开周刊》第 81 期)

---

① 本文系张伯苓在南开学校高级修身班上的演讲。题目为编者所拟。
② 当作"十数年"。

奠基的意义[①]

(1923年12月21日)

现在要将开这个会的意义和我的感想说一说。起始建筑房屋的时候，举行建立基石礼，是西国的风俗，其意义很深：起始好，基础坚固，差不多一半就成功了，后来的种种，也可以本着前进发展。这是女中学第一所校舍，故举行这会，可以说于女中前程，于国家于教育前途，影响是很深的。可惜有一位热心教育的，提倡女学的张仲平先生，因事不能来，他对于女中学建筑新校舍，极表同情，允捐建筑费一万元，我们很感谢的！

世事似乎先有空中楼阁，然后渐渐实现。一般人看来不是容易的事，而在我们同人觉得不是很难的。二十余年来同人办理男中学，便是一个先例。大学在八里台建筑新校舍，也是一个明例。开办女中学的动机，首先在十一年夏董事会，那时范静生先生曾提议添设女中学，当时议案虽通过，为了经费种种困难，却没有计划去做。其次，直到十二年春，天津各女校学生代表华冰如、王文田等十人，正式来要求我添设女中学。她们的理由是：一、天津没有适当的女中学；二、南开大学已收女生，而没有好的女中学做预备，女子想进大学，仍是不行。故十二年秋，决意开办，招初级两班，计七十余人。校舍租用六德里住房，即男中学的第二校外宿舍。再捐到数千元开办费，男中学补助常年经费，女中幸告成立。可是后来人数增多，初中将毕业，女生又有添设高

[①] 本文系张伯苓在南开女中新校舍奠基仪式上的讲话，由陈学荣、林懋志、赵克慧、黄宁馨笔录。题目为编者所拟。

中之要求,外来要求寄宿者也日多,奈何经费竭蹶,校舍无法分配,因此,在去年秋,有募款十五万元之计划,以十万元为基金,以五万元在男中学操场之南,为新校舍建筑费。不料今日竟在此举行建立基石礼了,而空中楼阁,不久将为我们讲学读书的地方了。"有志者事竟成"一句话,真可鼓励我们呢!

我回想二十余年来的经过,凭着立志、冒险、前进的精神,方得到今日的情况。不过现在仍向前走着,力求进步。如果南开的学校,每人有这种精神,我想于社会、国家,总有些补益吧。

举行建立基石礼时,照例教职员、学生、来宾各推代表,垫一些灰,这是表示大家合作之意义,望诸位领会这点意义。

(载《南开周刊》第1卷第3号)

最近的时局和我的希望[①]

(1924年1月)

最近之时局,其混乱适可譬诸天气之昏暗。吾人无论如何乐观,对之亦不免暂时悲愤。日前在京,Dr. Tenny曾询余中国之现状如何,余即答目下绝无希望可言。盖此实不可掩之事实也。论政治,众院已实行改选,似足供吾人乐观,然就现状言之,将来之新国会果将何似?以言教育,则教育经费几已完全充军饷,维持尚难,又何言发展?且最近之教育界又发现两种恶趋势:其一为过重视金钱之商业化,其二为随事敷衍之官僚化。在此两种影响之下,能有何种教育可言?然在此时机,亦颇可获得极满人意之结果,即一班少年之醒觉是也。要知中国现状之恶劣,系过渡时期之必具者,以言之中国之将来,固无人不承认有绝大之希望也。盖在此种状况之下,柔弱者流,自无侥幸成功之希望;而勇敢、健全之少年,则无不能借之以自奋者。且最近北京之教育界,从一方面观之,若美专、医专之风潮固极可悲;然从另一方面观之,若范静生之就任师大校长,江庸[②]之就任法大校长,则不能不谓之为差强人意之事也。诸生苟能各自奋励,使中国得平安迅速渡此难关,而跻于光明之境,实余所切望者。

(载《南开周刊》第83期)

[①] 本文系张伯苓在南开中学高级修身班上所作演讲。题目为编者所拟。
[②] 江庸(1878—1960),法学家,社会活动家。

南开继续进步[①]

(1924年2月14日)

本校自创立后,至今已历二十年之久。此二十年中,国内政局及社会上现象虽异常混乱,且起伏不定,而吾校则总未因外界之影响,而不能向前继续进步。此点由二十年来校中各种统计不难一望而知。至去岁暑假,本校又发生一极巨变化,校址由一而化为三,此实南开学校发展历史上一最重要之事实也。改革伊始,同人之精神不免略有照顾不周之憾。然至于今日已历时半载,各事均渐宁静,乃能得间计划及各部之向前发展。以吾观之,现在男中学最紧要之问题,即团体过大。盖团体既大,因之乃发生两种困难:其一为经费之不足,其二为精神之散漫。前者纯在乎办事人之努力,而后者则非与诸生合作不为功。盖诸生苟皆能自爱,则学校全体精神自可团聚矣。

(载《南开周刊》第84期)

[①] 本文系张伯苓在南开学校中学部1924年春季始业式上的演讲。题目为编者所拟。

改造南开①

(1924年2月21日)

本校自逾千人后,因地址不足,总未召集全体集会。今日因要事不便分两次报告,乃召集一次全体集会。女中部已于昨日集会,明日尚拟至大学部做同样之集会。

此次集会之目的为改造南开。此语骤闻之似无甚意义,盖年来本校气象颇盛,尚何改造之可言?殊不知本校至本年十月十七,虽已届二十周年,此二十年中,本校虽已能排除一切困难而继续进步,而去岁暑假,遇前此未有之巨大变动,本校舍由一而分裂为三。去岁既分力于大学之建筑、迁徙及一切新组织,而女中学亦适于暑假后创始,其困难实较以前为更甚。盖辛亥学潮,直皖、直奉诸役,虽皆影响及于学校之发展,然其势力皆自外来,远不及此次因自身扩张而生者之重要也。至于今日,已历一学期,诸种困难幸均已平安渡过。以言经济,至去岁年关,虽亏款三十余万,自可陆续归还,即万不致入于无办法之途而已;至于精神方面,则实不如预料所期。今既已渡过经济难关,乃多注意于精神之整顿。由此可知,南开学校之所以改造,其一因有改造之余地,其二因有改造之余力。日前曾有一学生家长对吾言,谓将学生送入南开,即可放心。吾即答以吾辈即因之不能放心矣。此亦可谓改造之一因,即永不自满而使之常常在改造中也。

吾尝闻人言,学生对学校总不能满意。此语殊难索解。岂学生与职教员之利害正相冲突耶?吾以为教育之目的为一致的。学生与职

---

① 本文系张伯苓在南开中学男中部全体特别集会上的谈话。题目为编者所拟。

教员其利害苟一相对，则必系一方面认错此方向矣。试就学费一项言之，初似为学生与学校之利害冲突点。然苟能财政公开，则自能相谅矣！故吾以为改造之最重要方法，即开诚布公而已。盖冲突每起于误会，若学校办事之认真，教员授之毫无假借等，每为学生所误会，以为故与彼等作对，然苟解明其故，自能涣然冰释矣。吾印成建议书数千份，当分之全校师生校役，以求收集思广益之功。诸生可各思有何种建议，即偶有错误亦无妨，盖吾借此更可使诸生得一自省之机会也。女中学部因团体甚小，诸事多能自治，故一切情形均差强人意。男中学部团体虽甚大，然亦可分班组织自治会，不然固不能及女中部，且学校亦无能为力也！

吾前已言，改造之要点在诚。以吾之经验，人苟欲有所成就，盖亦无地不须借助于诚。本校中之青年学生，亦必因此字而得进步。且此种建议书可对学校，亦可对自身。例如思自身有何可改之处及改革之理由，再及于改革之方法，不自欺，不松懈，道德学业自皆可日进矣。总之，本学期全体师生均能有一种改造之新精神，然后本校之前途乃克有绝大之希望。愿共勉之。

（载《南开周刊》第 84 期）

开诚布公，根本改良①

(1924年2月22日)

以往一年为本校变动最多时期，经济上及精神上的困难都算勉强过来。但看本校以往历史，每过一层难关，必有一次长进。今又至改进之时，而学生中反不见活泼气象，故须立刻设法疗治此病，并引女中学之自动及女同学之自治为比喻，以鼓励全校。劝同学学周仲铮②女士多上建议书，报告全校经济状况及募捐之进行。至聚会之主要意义，则在开诚布公，根本改良。

(载《南开周刊》第84期)

---

① 本文系张伯苓在南开学校全体师生特别聚会上的谈话。题目为编者所拟。
② 周仲铮(1908—1996)，旅德作家和画家，曾就读南开大学。

时局诸问题①

(1924年3月6日)

余前日自京归,于火车中遇山东日照马君,谈及时局各问题,今特为诸生复述之。余见马君携一巨册之书,询之,为《五代史》。盖马君以为今日之乱,颇似五代时也。余即以为中国之历史,在闭关时代,不外一治一乱,而自海通以后,此种状态已不能复续。民国初年,国内现象颇乱,当时颇有以往日眼光观察者,而十余年来日乱一日,首洪宪,继复辟,其后直皖、直奉诸役,至于今日若闽孙②、苏齐③,几有一盘散沙无可收拾之概,又向何处往治?马君谓中国社会之基础在家族制度。中国之家族制度,至今日尚可继续保存乎?余以为今日中国社会道德之堕落,完全由于经济制度之变化。在欧美各国之工业中心,因机器发达,男女既有同等之工作力,因之,即一夫一妻之小家庭亦有逐渐破裂之势。年来欧美此种工业文明传至中国,中国之经济制度突然变化,家族制度亦因之而动摇。夫家族制度为中国一切道德之发源点,源既动摇,其枝末自因之而不能稳固矣。因此而引起一最重要问题,即科学对于中国究竟有利与否是也。然此问题在此时殊不能为否定之解决,盖我辈虽能承认科学为有害,然吾辈果能拒绝之乎?故此际亦惟尽力与他国争衡而已。欲与他国争衡,最紧要之方法,亦惟归诸教育。至于教育是否一合宜之方法,固亦是一问题。然在今日,仍

---

① 本文系张伯苓在南开学校高级修身班上的演讲。题目为编者所拟。
② 指孙传芳(1885—1935)。
③ 指齐燮元(1879—1946)。

以一最善之途径,吾辈亦惟有努力而已。

(载《南开周刊》第85期)

污水坑与兴实业①

(1924年3月13日)

近日在中学所收议案,其可行者已立刻实行,其尚有讨论之必要者,已交人分别管理,预备仔细讨论,故建议截至今日暂行停止,俟讨论完毕,作一结束再重行征集,庶不迟延过久。惟此次议案中,有一系提议将校后臭水塘填塞,恐系不明本校历史之故。

盖本校当未设立时,有德人汉那根②者与三数中国人在天津设地皮公司,其与地方官所订条约,系将天津城拆毁而从西头掘河一道,经德租借地而达海。当时本校校址附近多系津人坟地,亦被该地皮公司划为己有,强迫将坟移徙。有郑姓者,虽以势不敌将坟移走,但不甘心将地归该公司,即赠与学校。当时余以学生尚无球场,即以该地充之。德人闻之,出而阻挠,经过无数交涉,后余与该德人面议,结果德人另赠本校地一块,此即本校现在校址之一部分也。后该公司所预拟凿之河未能成功,乃将天津城中概造暗沟,天津城市之污水乃皆集于本校后之水坑。现三不管附近,昔因地中甚低,居民欲在其地建筑者,即借掘鱼池为名,将地填高,盖所以避免官厅干涉也,结果各水池亦皆变成污水池矣。近闻津人在从事于运动,将与本校旁小河相通之河在海光寺设闸,时时将污水换过。结果则本校后水坑之臭气或能减轻不少。总之,此水坑现时实无法使之填塞。吾校同人惟有练习忍耐之法,盖在此种情形下亦无可如何也……

---

① 本文系张伯苓在南开中学高级修身班上的讲话。题目为编者所拟。
② 即 Constantin von Hanneken(1855—1925),德国贵族,陆军大尉。退役后应邀来华,充李鸿章军事顾问。任北洋水师总教习兼副督。

本校大学部近日有几种极巨变化：其一为评议部之成立，其二为商科学生之组织学生会。此会余对之颇尽力赞助。盖自吾从美洲回国，知中国现在之要，首在增进物质文明，不然，则为世界进化中之落伍者，欲图与之争衡不可也。然增进物质文明之法，吾以为不在提倡科学，而在振兴实业，财赋一足，则自能从容从事于科学之发明矣，此点由各国之历史及现状均可证明之。吾今岁内校中诸事均已妥协，乃努力于此。此商学会凡商科学生必须加入，出校后仍与此会发生关系。吾愿三十年后，南开学校之商科学生在中国商界可逐渐减杀外人之势力也。

（载《南开周刊》第 86 期）

青年的择业、婚姻和信仰[1]

(1924年3月28日)

日来,余征求诸生建议修身班之讲题,所收殊不甚多,望诸生多多建议。综观所收建议,偏于知识方面者为多,若金佛郎问题[2]、承认苏俄问题等,而关于诸生自身之问题则殊不多见。以吾观之,二十岁上下之青年,问题实最多,惟以其经验甚少,常不肯使人知之。今试略举一二种。若择业问题,岂非现在个个少年之重要问题,且须立时解决者?此问题在甚紊乱之中国社会中尤不易解决。盖在中国社会中,稍有知识者做事机会甚多,少年人每不易为适当之抉择。此其一。其次婚姻问题,亦为现在中国青年之一最重要问题。现在青年,有未定婚者,自宜缓定为是;至其已定者,或即将定者,果当以何法处之?即退一步言,婚姻已可自由,果应如何审慎,始不致有以后之翻悔乎!此其二。再次如信仰问题。吾人生活于世,苟无确定之信仰,确定之人生观,则一切经营造诣必皆毫无根据,挫折一来,初志即可变易。故青年人对于自己之信仰,亦殊为一亟宜解决之问题。此其三。青年人之问题固不只此三种,而此三种,实可为每个青年人之问题。诸生此后务要将自己问题完全不加隐匿。余他日尚拟请若干学者专为诸生讲演此种问题,则诸生对于自己问题之解决或可获若干参考资料也。

(载《南开周刊》第88期)

---

① 本文系张伯苓在南开学校大学部修身班上的演讲。题目为编者所拟。
② 民国外交史上一大要案。1922年,法国要求中国政府改用所谓金佛郎(法郎)支付其庚子赔款,从而引起一场中外交涉。此案历时三年,轰动朝野。

择交之道①

(1924年4月3日)

照现在大中两部统计,知本校之大学部学生,凡由中学部升入者,虽资质各不相同,而预备则多甚充足。至于由他校毕业直接考入预科者,程度或不能不稍差,而进步实甚速。盖因考入之学生天才生甚多也。照预拟计划,本系于今岁将大学部预科停办,但日前会商之结果,为收容他校程度稍差之天才生起见,预科暂仍继续办理。

吾曾得诸生若干对于修身班讲题之建议,系择交问题。以吾观之,此问题虽亦颇重要,但较之余上次所讲之择业问题、婚姻问题及信仰问题,则相去甚多。今试为诸生略一述择交之道。照现在眼光视之,今日择交与古之择交略异。古之择交之道甚严,而所友甚寡,友寡,故过从甚密。至于今之择友则范围略广,即以诸生现在情形论之,凡属同学,即皆谓之友亦无不可。古代诋多友为朋党,而今日交友范围虽广,然亦反对以小团体而影响于社会之福利。从此可见,择友之道古今实无根本之差异。中国古代之善友者,若三国时刘(备)、关(羽)、张(飞),战国时之管(仲)、鲍(叔牙)及俞(伯牙)、钟(子期)②,皆极为人所习知者也。孔子谓友有三种:若者直,若者谅,若者多闻,此实一交友之准绳也。今人每谓友之密者曰知己。所谓知己,即所以望友之赞己之长,慰己之苦。然若深一层思之,则人各有长短,苟只望人

---

① 本文系张伯苓在南开学校高级修身班上的演讲。题目为编者所拟。
② 谓管鲍、俞钟为战国时人,不确。

之称赞,而不欲人之规戒,且人皆欲人之赞,人之慰,然则赞人慰人者,果何人者。明乎此,则交友之道思过半矣。

(载《南开周刊》第89期)

校内校外①

(1924年5月1日)

今日余所言者有二事：其一，关于本校近日内部情况；其二，关于国内近日欢迎与反对一著名人物②之批评。

言及本校近日内部情形，据余所见，精神殊甚好。若数日前英文演说之全胜，汉文演说之一胜一负，华北运动会之球类比赛获胜，以及近日本校运动会加入者之多，均足以表示全校精神之佳。然余颇愿由此数事中择几点为诸生告：其一，吾人做事常须竭力求得经验。若本校在八里台开运动会，在今岁系第一次举行，诸事待改良者必甚多。于是当筹备之际，吾即谓诸办事各人皆宜留意自己所管理之事，有何者应改进之处，预料日内聚会必有若干事提出，可免去明年重犯同一之错误。吾常谓，人之由做事而得经验，固可漫不注意，直使一种经验绝不能使人遗忘时，始可谓之为彼之经验。然由此路以得经验则未免太欠经济矣。此种注意力在起首或不免觉其费力，但练习稍久而成为习惯，则将毫无所苦矣。其二，吾闻之本校此次华北运动会因吾校学生之助兴者，颇有人讥为精神未善。以吾观之，实属非是。盖吾以为本校助兴之学生，固为助本校运动员之兴，但绝非为扫他校运动员之兴也。且运动所争者胜负而已。苟一战而负，负而已矣，人格上固犹在也。若夫人格一有损伤，则虽胜又岂值得若许代价哉？此点诸生务须注意，运动员亦须特别注意。

---

① 本文系张伯苓在南开学校高级修身班上的演讲。题目为编者所拟。
② 指印度著名诗人泰戈尔。

日来印度诗人泰戈尔来华,各处多请之讲演。于是各界对之乃有赞成、反对二种论调。其赞成者谓彼为一著名诗人,且其人非顺应潮流者,且足以代表东方文化,故吾人对之应表示相当敬意。其持反对论调者谓泰戈尔提倡东方文化,反对物质文明,恐青年学子受其影响而亦贱视自然科学。以吾观之,此两面皆未得其中。盖泰戈尔既为一诗人,则固意迫其为形式之讲演,做形式之应酬,殊为不可。若谓恐青年学子受其影响,则吾人固可更请注意自然科学之学者讲演。且若果有此等无主见之学生,毫无抉别能力,又何能望其将来有所成就?自然而静的生活吾亦非反对,吾年来亦常往西湖诸名胜地做一二日之游散,其目的在变化生活;若一味主张此种生活,则非吾所敢同意者矣。盖中国此际固决不应有此种闲散人民之存在故也。

(载《南开周刊》第92期)

五七国耻日感言[①]

(1924年5月8日)

昨日五七国耻纪念日，诸生为表示对于此事之哀悼，上午在礼堂开会，作动人之演说，下午加入市民游行，其意甚善。余昨日亦曾自思，苟令吾当时亦作一演说，则上台后除将自己痛打一顿以外，几无话可讲。盖此种纪念日多过一次，则正是表示吾人尚未能自振。故吾人于是日除自责外，几无可说之话也。

吾尚忆去年之五七正在青岛，彼处市民亦曾有游行之举。回校后即曾对诸生谓，青岛之收回在中国之体面上似极方便，然细思之，二十七年前，吾所见之青岛只一荒村，此次收回已俨然一小小柏林，苟数年后更一变而为荒村，吾国之弱点由是乃大白于世界，是真吾国最不体面之事也。吾当时更谓，青岛既不能离山东而独立，而山东亦未可离中国而自治，他日青岛情形之恶劣几可确定。果也！至今时过一年，青岛情形竟真愈趋愈下。由此吾人亦可不必过甚希望旅顺、大连之收回，盖世界上固决无若是之便宜事也。夫中国今日之病，在不统一，在内政不良。舍此不图，只以手持旗帜游行于街市为爱国，是亦不免过于肤浅矣。以余观之，吾人于是日最好存一自我做起之决心，以数事自衡，期于最近将来实行，则国耻纪念，庶有免除之一日。余今且举两事为诸生告：其一为自奉务求俭约，其二为养成勤劳之习惯。"勤俭"二字在中国已成老生常谈，而真能实行此二字者，则实不多睹。余甚愿诸生于今日起，即立志将此二字实行。则昨日之游行固亦可因之而

[①] 本文系张伯苓在南开中学高级修身班上的演讲。题目为编者所拟。

有意义,且此种国耻纪念日亦必有除去之一日也。

(载《南开周刊》第 93 期)

运动会与责任心①

(1924 年 5 月 15 日)

数日,余将赴武昌参与第三次全国运动会,往返需时两礼拜。诸生阅报当知此次运动会亦曾有小小风波,故吾不得不早数日去。

原运动会之起由于欧西,欧洲四年举行一世界运动会,World Olympic,即每逢闰年一次。今年在法国,一九二〇年在比国,一九一六年在德国(因欧战而停),一九一二年在瑞典,一九〇八年在英国。东亚各国总未参与此会,而于十数年前,由中国、日本、菲律宾合组织一远东运动会。此会欲与世界运动会相接,故日期相错,且每二年举行一次,逢单举行。去年为第六次,在日本,第五次在中国,第四次在菲律宾,第三次在日本,第二次在中国,第一次在菲律宾,时一九一三年也。中国因地区甚广,不克常举行全国运动会,而每区则常年一举行。计中国共有华北、华东、华中、华南、西南诸区,其组织完善以华北为最。华北括有直隶、山东、山西、陕西、甘肃、东三省、河南诸地。华北运动会之组织,由本区各省各举三人代表,代表中举八人(正、副会长各一,书记、会计各一,委员四)合称执行委员会(Executive Committee),任期一年。由此会定下年举行地点,由举行地之人自选职员,曰竞赛委员会(Contest Committee),照顾当场各事,此其略也。华东初只有东南、金陵、东吴、约翰、复旦、南洋、之江等八大学联合运动会,只括江浙两省。今岁已加扩充而成华东运动会。华中括安徽、湖北、湖南等省,亦自今岁始行组织。华南因交通不便,尚无一致组织。华西

---

① 本文系张伯苓在南开学校中学部高级修身班上的演讲。题目为编者所拟。

则尚未发达。

去岁吾国运动员在远东失败，各代表回国后，即诿罪于政府不为助，社会不肯提倡，以及代表人又为西人。于是在上海时报馆开会，拟组织中华体育协会，作为中国体育事业之总机关，对内则提倡，对外则代表。此次在武昌举行全国运动会，亦无非为提倡之意，而华东有一部分人颇有误会，谓中国之全国运动会不应由西人格莱（Gray）①召集。此实误会。盖格莱不过一竞赛委员耳，此会固不能由彼召集也。闻此种误会现已成过去，诸生自能从报纸中得之。至于此次全国运动会果何因而称第三次，则因光绪末年时，端方②正充南京总督，开全国展览会，乃借时以开运动会焉，规模虽甚简陋，而实不能不谓之为中国全国运动会之嚆矢。第二次全国运动会于民国二年举行于天坛。此次举行第三次之目的，除去提倡国人之体育兴趣外，尚拟即促成中华体育协会。盖当时在上海开会，前两次尚有人到会，而至将通过会章时之第三次会，竟无多人到会。当时格莱君尝与吾函谓："吾在会场中候三小时之久，竟未至一人。"吾闻之不禁深为叹息。吾人每谓与西人共事彼辈常揽权，其实因非由西人之揽权，实由吾人之责任心太少耳。且明年在菲律宾举行远东运动会，吾人于事前当如何措置？下次在中国举行时，吾人又应如何？均需有极精密之思考，始克有济。而吾人却只愿作旁观之批评，而不肯实际做事，此亦未免太无责任心也。

（载《南开周刊》第 94 期）

---

① 当即《旧中国之新希望与旧南开之新责任》提及之葛雷。
② 端方(1861—1911)，清末大臣，立宪派代表人物。

南开之教育方针[①]

(1924年9月3日)

本校于每学期之始必举行一始业式,借以联络全校师生,以努力进行一学期之计划。近年来,师生数目逐渐增加,已不能于一日之内为实际之联络,只可称之为精神的联络而已。

开学后,旧生多已报到,新生报考者亦甚踊跃。本校以地址不足,未克尽量收入,对于未取诸生殊深抱歉。今年各省有患水灾者,有患兵灾者,诸生求学之心并不为之所阻,殊堪嘉许。国内人士对于近年之变乱,亦得有两种教训:其一,不因之妨碍正业;其二,不希望其得若何重要之结果。此可谓中国民智上之一进步也。最近江浙之事殆亦不可幸免,两省学校因经费无着,多不能开课。津地幸有《辛丑条约》,乃得一时未经变乱,不然,则我校当不止一次被兵占用矣。然试深思之,吾人果何必须受外人条约之保护而始得安宁?此种不合理之现象,果何因而能长久持续?此则吾人所当引以为教训者也。

本校开学前,各课主任及全体教职员均曾集会讨论本学期进行计划,内容甚多,后此或克陆续印布。今日愿为诸生告者,即本校之教育方针是也。吾尝思中国在今日混乱状况之下,果当需何种人才,建设者乎,抑破坏者乎?按常理言之,似专属前者。然细思之,中国今日需破坏之处尚甚多也。以言当年之革命诸公,其所破坏者固多,然平心论之,则知彼辈之破坏多属无经验的,或竟谓之为盲目的破坏亦无不可,盖其能彻底者实寥寥无几也。故中国今日所最需要者,乃彻底的

[①] 本文系张伯苓在南开学校中学部1924年秋季始业式上的讲话。题目为编者所拟。

破坏人才,非冒失的破坏人才。甚愿全体师生皆向此目标渐近也。

(载《南开周刊》第 98 期)

当前的教育与南开的训练方针①

(1924年9月11日)

近日时局不靖,国人因相习已久,未尝稍生恐惧,致妨事业之进行,此亦可谓民识之一进步。此次变乱之范围,果将如何扩大,此际尚不敢定。然无论如何,其均不足以解决中国之根本问题,则是吾人所敢断言者。江浙诸省及北京方面之教育界所受影响颇巨,言之可痛。再北京之私立大学,近日数目顿增,夷考其实,则大多数乃专为欲分润各国将退还我国之庚子赔款。但吾人从一方面观之,此种现象之存在,固由于各省中等教育之不良,或由于政府办理大学教育之不善或范围过小;然深一步观之,则可知皆由于国内政治之不良,不然,则此种反常之事实万不能发现也。美国因退还中国庚子赔款余额,已派专员孟禄②博士来华。孟禄氏之预定,本拟速将管理此款之中美委员会举定,其中美国五人,中国九人。但现仍未能将人妥实举出(记者按:十八日《晨报》载此委员会人名单,读者可参见之),此种迟延不决之习惯,真为中国人之病根矣。

国内武人颇有主张以各国退还庚款筑路,然后再以路政收入充教育基金者,其言未尝不能成理,然按之国内已成各铁路,营业并不赔累,其赢余果归于何处?彼等又有谓筑路可以助国内统一者,然按之实际,京奉路固早已通车,何近仍与政府俨然成对乎?总之,年来武人盛倡武力统一,至于今日之情势,几非用武力不可解决,亦可悲矣。

---

① 本文系张伯苓在南开学校高级修身班上的讲话。题目为编者所拟。
② 孟禄(Paul Monroe,1869—1947),又译门罗。美国教育家。

值此等混乱之际,本校尚能安稳开课,实属大幸。然因之乃发生一最重要之问题,即解决中国之时局果需要何种人才是也。盖吾人于此际既不能决然助何方,则必须养成将来解决国事之人才,其事甚明。然训练之方法何为？中国最需要之人才系建设者乎,抑破坏者乎？现在中国现状一部分需破坏,一部分需建设。于是本校训练之方针,乃专注意此两种人才所必具之基本性质,约言之可得三种:其一曰志大而正;其二曰具胜困难与试诱之毅力;其三为永远进取之精神。此外尚有一种特质,曰创造的精神,其重要尤巨。然此种特质只能于少数特才者见之,殊不能如其三者之希望于每人也。日后得暇,当一详论之。

(载《南开周刊》第98期)

中国革命与改造及吾人今后之机会与责任①

(1924年10月16日)

"革命"二字,始于汤武之伐桀纣,意即吊民伐罪,乃爱民主义的革命。其为改造,属于政治一方面。殆近八九十年来,欧西物质文明日渐发达,近且远侵及于东方。影响所及,中国与日本首受其打击。中国自鸦片战后,每遇与外人战辄归失败,割地赔款,国命几绝。于是有戊戌变政,庚子联军,至辛亥而起革命,改造政体。日本之革命始于日英战后,时德川氏执政,励精图治,国体维新。凡此二种之革命乃对外的革命、爱国的革命,较之汤武之爱民革命,不可同日语也。

中国自革命以来已十三年,国内之纷争日烈,人民之痛苦益深,政体虽更,国乱如故。近且东南、东北干戈迭起,实业停顿,教育破产,如以此为达到民主国家捍御外侮之目的之方法则可,如其以此为真爱国,真爱民族,其谁信乎?最可病者,国人经过此多种之政变,忘其责任之所在,一任此辈军阀政客之妄为,趋炎附势,唯利是图,其有真心为国为民族而革命而改造者,盖鲜有其人。诸君方在此受高等教育,吾今以此责任冀望于诸君。

诸君其以吾言为夸乎?今日中国之革命系根本于西欧势力之东侵。西欧自文艺复兴以来,经过几次之大改革,机器发明,为战胜物质界的大原因。其人民已由黑暗时代渐入光明。我则受此世界之潮流而亦改革。改革未终,人民已先放弃其责任。此种危险可虑殊深!诸君勿以中国革命已告结束。现在之政体之民生,何处不待诸君起而革

---

① 本文系张伯苓在南开大学修身班上所作演讲。

命而改造？诸君生当今日，机会甚多，责任极重，宜于此数年内，预备充分之学问之能力，以期异日尽责于国家。苟能唤醒国人，明其所以，则子所负责已尽大半矣。如其因循不进，随波逐流，其有益于国家者盖鲜。孟子谓："待文王而后兴者，凡民也。"[①]吾深信世界惟有进步，绝无止境。愿与诸君共勉之。

（载《南开周刊》第 101 期）

---

① 语出《孟子·尽心上》。

学校如一小试验场[①]

(1924年10月17日)

欧洲自十八世纪后人民有大觉悟,于是有种种之发明,物质文明日益进步。现中国亦承受此种潮流而改革未已。本校之创立,亦即期以教育人才为目的,期引全国人民皆能觉悟。学校正如一小试验场,场内之人皆有信心具改造社会之能力,将来入社会改造国家,必有成效。故本校二十年来应社会之环境而进行,方法有时而变,目的始终不更。今日之所庆祝,非在于现时之状况,乃在将来办学目的之能实现也。

(载《南开周刊》第101期)

---

① 本文系张伯苓在南开学校成立二十周年庆祝大会上的讲话。题目为编者所拟。

发刊词[1]

(1924年10月17日)

纪念者,返本思源,用志不忘之意也。鄙人对本校二十年来之经过所有,开始时规模如何狭小,中更多故,又有如何种种挫折,一回溯间,实不啻历历在目。只以吾同人不因难而退,持以孟贲不已之力,举以自强不息之心,致有今日一切之进展,诚幸事也。以申庆祝,谁曰不宜!第二十年已往之努力既过,而二十年未来之努力方始,同人对改造国家前途应尽之职务,正自无穷,必懔懔焉不遽以目前之可庆祝者为已足,则几矣。

(载《南开周刊》南开学校二十周年纪念专号)

---

[1] 1924年10月17日,南开学校建校二十周年,全校举行盛大庆祝活动,《南开周刊》特出南开学校二十周年纪念专号,张伯苓为撰发刊词。

在南开学校庆祝二十周年游艺会上的讲话

(1924年10月17日)

昨天在八里台大学开纪念会,我没有到这里。今天除了学生外,有许多来宾。现在我要说一说这个二十周年纪念会的意思。这二十周年,是指旧制中学而言,至于新制男中学,只有二年,大学五年,女中学一年,所以今天的二十周年不是纪念大学部,也不是中学部,也不是女中部,是纪念所有一切南开之分子,所以二十年前的人也算,在南开只有一年的也算,如其要找一个二十年全在南开的,恐怕很少很少。现在国内多事之秋,不能大大地做寿,北京之旧同学要来上寿,当即去电阻止,极力往小处做,但是人数太多不得不分做二天。年来因教职员学生全忙,故未编演新剧,新剧人才又多往八里台去布大景,所以今天没有新剧。但是学生很多,当然免不了有人才,所以,今天这个游艺会,把他们各种特技表演表演,或者比新剧好。没有新剧对不住社会,但游艺也好。今天发的纪念品,上边印的大学二十五万元的科学馆,男中学二十多万元讲室之楼房,还有一块白地,是女中学的,预备捐十五万元盖房子,这一点,请来宾注意。男女是平等的,男中这样完备,女中哪能太坏?我们提倡女子高等教育,非从女子中学起不可。我希望二十一周年时,那块地上已有房子了。这种事(指办教育)应当大家做,为什么我一个人做呢?今天来宾不少,本校学生也不少,希望出全力帮忙,我想借此成功这件女中盖房子的事。

(载《南开周刊》第101期)

南开经济问题[①]

(1924年11月27日)

我校二十周年纪念，已于慌乱中度过。华北水灾，东南战事，我校均未受直接之影响。东北战争，虽有多数学生因交通不便，家中未能寄款前来，致天寒尚未预备冬衣，然本校则幸未为兵占做病院，校中各事照常进行，不可谓非幸事。此难已过，今兹则最大难关临头，即本校经济问题是矣。今春董事部通过预算，本校三部皆有亏空：

男中部计亏三万余，内有去年不敷之万余，净差二万余。本校岁入，计有学费、省款、地租等，然虽极力撙节，仍患不足。盖省款计二项：一为二万七千，每月发二千二百余，现已三四月未发；一为五千，分四季由省署令省银行拨付，年余未发。此男中部现时经济状况也。

大学部计亏四万。然以公债得利故，可少一万，再减去年所亏万余，今年净亏二万余。现则入款减少，出款加多。即煤款而论，预算六千六，然大约须一万。而收入计每月盐余项下由汇理发四千五，二月未发。财政部之二千亦未付，故极感困难。

然则因此停学乎？否，决不！吾等决不能为经济所战败。上星期曾往北京，收效甚微，拟再往设法。若中央不能付款，则亦须设法借贷。总计自今至放寒假，本校三部共须约五万元。幸年来屡遇此等困难，今亦不觉其难。且以乐观而论，愈难愈佳，可增加办事之能力。总之无论如何，决不令同学失学。汝等尽可沉心静气，专心学业也。

[①] 本文系张伯苓在南开学校第十次高级集会上的讲话，由张志基笔录。题目为编者所拟。

民国十余年来,变乱滋多,然独于此次之变故,觉有更多之改善机会。吾拟趁此机会,为本校谋一大进展。大学须扩充,男中只扩充设备,如会堂、宿舍等。近来吾见学生用功,秩序甚佳,今后宜设法使之长进。欲使学生长进,设备方面不可不求扩充,图书馆、博物室、手工教室以及各课办公室等,现均不敷用。凡此种扩充费用,约十余万。现拟筹基金五十万。

女中需款更急,现讲室已全满,明年如何尚不得知。现女中所有经费,惟男中学补助之千余及言仲远①夫人遗嘱捐助之一千元。现拟筹基金十万,建筑校舍费五万。

大学图书馆尚无着落,前假秀山堂,今迁思源堂。现科学馆虽勉强敷用,而图书馆则必须另建。估计此项费用,约需二十万。总计我校拟筹之款约需二百三十五万。前数日曾开大会,计划出一南开状况报告,将南开历来情形,现时状况及将来计划和盘托出,报告社会,以求各界之援助。想政局澄清后,定不乏乐心好善者,以尽力于此种建设事业也。该项报告之末,拟附以所有捐助本校诸君之肖像,借资表扬,而留纪念。盖诸君皆能辅助本校以成此永久的建设事业也。

(载《南开周刊》第108期)

---

① 即言敦源(1869—1932),政治家,实业家,诗人。人称北洋儒商。

改造中国之根本办法[①]

(1924年12月14日)

处于此等风雨飘摇之时局,欲求能平心静气从事于事业,实为不可能之事实。以本校论之,本年来已阅大险二次。其一,非直接关于时局者,为夏间之水患;其二,为东北战争。此二险皆幸得脱免,既未致受淹,又未致停课或被占为病院。此两险难,方庆已过,而又有一尤关全校命脉之经济困窘问题,临于吾人之眼前。考本校全部经费入源,向皆赖学费、地租、省款、公债及财部之助款;与出路相抵,每年辄患不足,约亏数万元之多。现当如此时局,不仅设法筹款不可能,即应得之款项,亦受影响,较往日减少矣。处此艰难,办事人之苦痛当可想见,然吾人仍当积极设法,无论如何不能使学校陷入停办之末路也。

此次政变之成绩,自表面观之,约有三项:(略)

总之,此次政变所收之效果,消极方面,不过国民由此稍有所觉悟;积极方面之建设则未有也。然吾人决不能因有消极之觉悟,即自以为足,此后仍当合心努力于积极的建设。欲积极地刷新中国,根本方法,在先改变人民;欲改变人民,则必赖乎教育。信教育可救国者,非无其人,而至今无努力从事之者。其故有二:一、处于国势紊乱,外国帝国主义侵凌之下,教育无发展之余地;二、教育固属重要,然其为用甚缓,非旦夕所能获效者。虽然,此不过无志者之言。惟其艰难,惟其纤缓,吾人益当振奋斗之精神,刚毅之魄力,以从事之。盖一极重要

---

① 本文系张伯苓在南开中学初中部第十四次集会上的讲话,由邵存民笔录。题目为编者所拟。

而极难收效之事，欲不历种种艰险，而平易得之者，自古及今，未之见也。

以上所言，为欲使国人觉悟教育为改造中国之根本办法，现缩小范围，论及本校。

本校之寿命，本年已届二十载。建设前六年，已为胚胎时代。余时在北洋水师，感触种种国耻，知我之不如彼者，由于我之个人不如彼之个人。故欲改革国家，必先改革个人。如何改革个人？唯一方法，厥为教育。

欲教育发生实效，必注意两点：一、普遍，二、专。然此等云云，在初行改革之幼稚国家，欲能办到，谈何容易！苟欲行之，亦当先自小处做起。先做出良好成绩，使社会知教育之重要，然后始有普遍及专精之可能也。此等责任，私立学校当负之。此余之所以辛苦经营，而有本校之诞生。二十年来，时势屡有变更，吾校亦屡经困厄，而卒邀幸运，得不致停办，不徒不致停办，且蒸蒸进行，一日千里。此其发达原因，不外以下三者：一、信——认定某一事业，始终以之，不半途放弃，此信之谓也。二、永变——方法不变，虽宗旨甚佳，亦不免于守旧，且有碍于进步。吾人宗旨固始终保持，不肯放弃，而进行方法则时时改变，务使其收利益多。三、专——此项为一切事业成功之要素。抱定某一目的，竭毕生之精神，派刚毅之魄力，猛勇赴之。虽以身殉，不惜也；虽以利诱，不顾也。此等精神，苟能得之，无论用于何种事业，其成功必甚伟大。此三点，为本校能有今日之原因，为余办教育所持之利器，亦为办一切事业之必需条件也。

(载《南开周刊》第109期)

大学风潮与师生合作①

(1925年2月19日)

我校大学、中学、女中三部，现已照常开课。虽时局日益紊乱，令人抱无限之悲观，然自校中观之，各种事项已归复原状，照常进行，实令同人等感觉无上之快乐者也。

上一学期，可谓在南开历史上一重要时期。若两次兵祸，若华北水灾，均于此一学期侥幸渡过，未受若干直接之损失；而在学期末三星期内，不幸大学部又发生风潮，幸而解决甚速，结果尚佳。吾同人经此次风潮以后，回想其成因，与今后之计划，盖非本此次所得之经验，思一种完善办法，不足以改良吾校。此吾今日所欲与诸生讨论者。

此次大学风潮之起因，由于学生周刊内数次与事实不符之文字，又有数篇文章言辞过当者。吾曾召办周刊之学生来，告以以后周刊文字所载事实应先调查详确，且批评尤不宜失当，致伤感情。迨下次周刊出，又有批评文字一篇，内载不满意学校者四项。吾遂召作此文之学生来，详为说明其文不符事实之点。斯时，校中遂有人风传学校有革除多数学生之举，于是学生各科代表四人见吾，代作文者负责任，以为不应革除作文之学生。

斯时多数教员以学生谩骂彼等过烈，乃函求吾代为调查此种论文系少数学生之意见，抑多数学生之意见，以为其辞职与否之取准。吾遂召集全体学生讨论此事，而学生佥言此种论文系全体之意见。教员

---

① 本文系张伯苓在南开学校高中部第二次集会上的演讲，由吴廷玮笔录。题目为编者所拟。

遂多数辞职。后学生代表四人来，与吾谈判亦未得结果，而吾以事赴京。学生之宣言出，以为此次风潮校长乃被教员迫走，岂非可笑！其后经多数人居间调停，皆未有效果，而大学于是不能不停课矣。

数星期后，学生来请求吾开课。吾向彼等言，欲使吾复职，非实现吾之条件不可。条件维何？即以后师生亟应合作。盖学生对于学校，实应扶助其进行，不当随事挑剔；且于学校之行政，学校之措施，应先了解清楚，代学校着想一番，然后可以批评，可以说话，不当无的放矢。其后学生承认对学生能力内可行之事，以后当竭力扶助学校进行。吾亦以为往事不必追究，遂使学生会向董事会、毕业同学会作一道歉信，以了结此桩公案。……现在大学已照常上课，正补作上学期考试也。

学生应根本明了为学校之一分子，对于校务有注意之责任。此次风潮之最大原因，可谓由于师生间太隔膜，换言之即"不知道"三字所误也。故我以为师生合作问题，对于南开前途，有莫大之关系。以吾校三部言，以女中情形为最佳，盖彼等本有师生合作之精神，且了解学校办事之困难，故年来办事极为顺适。至于大学，人数较少，年龄亦较长，此师生合作问题，似亦较易解决。惟中学历史较长，人数又多，施行上实甚为困难。然虽困难，亦当促其早日实现，盖非如此不能使学校进步改良也。

吾前次曾召高二、三学生各十余人，征其对于此问题之意见，佥主张慢慢进行，骤然改组，实有许多不适宜处；又有一部分学生，以为师生合作，为事实上所难能，徒增学校之纠纷——学生知识有限，经验毫无，对于学校，不见能有几何之效果也。

吾以为在学生能力内可行者，苟师生合作，已足为学校进行上之助力不少。譬如同学间之劝善规过，可以补学校训育方面之不逮；又如学生对于其课程有何困难，可以直告之教务课，则学校教务进行得很好之标准等，皆是也。

关于师生合作问题进行详细办法，俟与严曾符①先生等及学生研

---

① 严曾符，严修族孙。

究后,再同大家讨论。

兹者自师生合作问题外,尚有一事欲与诸生言者:近日吾观中国大部分学生,率太肤浅。一知半解即率尔操觚,实学既无,焉能持久?故吾拟此后对于学生,应深深培养之,令其多读多看,久则蓄材自富,无竭蹶之患矣。

往岁南开毕业同学之一部分,有读书团之组织,成绩甚为优美。吾尝劝告彼等,将此读书团扩大之,每一次集会,使会员就职业者,将关于其职业方面之问题或情形,报告于大家;会员读书者,可将其读书之心得,亦报告于诸会员;其他会员,或将时局情形作一批评或报告。吾以为此种组织,亦可以实施于吾校。

但我近日得各教员之报告,与学生之谈话,知中学课程分量过重过多,使学生无余力以求课本外之知识。人谓南开高级中学毕业者,多系天才生,恐非谰言——其资质鲁钝者,皆中途降级或退学矣。故吾拟以后将中学课程酌量减轻,使适合于中材学生,而才有余者,则奖励其读书,以求深造。则此种浮嚣风气,或可渐瘳也。

(载《南开周刊》第 114 期)

在南开学校追悼孙中山先生大会上的讲话

(1925年3月19日)

孙先生为一代伟人,百世师表。其主义虽不尽能与吾人强同,而其精神则耀日月,辉宇宙,万古不磨。今不幸先生目的未达,遽然长逝,留下如许责任,供吾人负担。吾人极应本先生之精神,认清目标干去,竟先生未竟之业,则先生虽死,亦当瞑目,而吾辈亦不愧为先生所手创之民国之国民。

(载《南开周刊》第117期)

奋斗即是生活的方法①

(1925年5月4日)

近几个月以来，我对于公众聚会，可以辞脱的总辞脱。因为我连月来都在解决零星片段的问题，心思也就不能联络一贯，说出话来恐怕也没甚意义，所以我不愿参加聚会演说。但有几次不能辞脱，不可不去说几句话的。如同在津的出校同学上次在国民饭店春宴，到的人数很多，主席马千里②先生要我演讲，我就用了十分钟的工夫，谈了会儿话；春假的时候，北京的南开同学会在京会宴，主席也叫我作十五分钟的谈话。这两次的谈话，意旨都是一样的，不过字句间有不同。这两次谈话时间都很短，不能畅所欲言。我本想用几天的工夫，将那番谈话的意旨演绎出来，和你们谈谈，但这几天我仍然在解决着片段的问题，直到今天早晨，才抽暇想了想，现在就和你们说。

我谈话意旨的大概是奋斗即是快乐，或者说奋斗即是生活的方法。当时在座的出校同学，都是已经脱离学校，在社会上寻生活的。他们既然在各界任事，顺逆也有不同，但是，假若一遇到逆意困难的事就精神颓丧，不高兴，那么，做事的能力也就一天一天减少，生活还有什么趣味？所以我对他们说："处世要有奋斗精神，要抱乐观态度。失败了，再继续着奋斗。我们并不是决一死战，一次失败，就永远失败了，没有进取的机会。我们应当仍然向前干去，努力，奋斗。即使偶尔

---

① 本文系张伯苓在南开学校高中部集会上的演讲，由张志基笔录。
② 马千里(1885—1930)，名仁声，以字行。毕业于南开中学、北洋大学，任教南开中学、直隶第一女师。周恩来和邓颖超的老师。社会活动家。妻张祝春(1884—1966)，张伯苓小妹，育有二男三女。

侥幸胜了，也不要以此自骄自满，仍然本着奋斗的精神，向前途努力。但是还有一样很紧要的，就是抱乐观态度，不要对于生活和环境发生厌倦。比如你家庭中天天见面的陈设，年年如此，丝毫不改，久后就怕生厌了，那么你何不将陈设的地位改换一下，或者加些油漆，不也就焕然一新了么。讲个笑话吧，诸位结婚都已多年了，假如对于诸位的夫人感着太熟习，太平凡了，那么，何不给她做件新的衣服穿穿，不也就换个样儿么。人的生活能够永新，他的精神也就永新，而他对于奋斗，也就自然感着兴趣了。"

我这番话，你们也许不懂，这因为你们还年青，还没有经验。在京的出校同学，大多都是四十岁内外了，他们踏进社会已有十几二十年，并且现在都有职业，也经过些艰难困苦。我看他们都能了解我的意旨。他们在校的时候，我也曾和你们现在谈话一样和他们谈话，这次不过是在他们在人生的旅程的中途，我再提醒他们一句罢了。你们将来也是要走向人生的大道上去的，那么我何不现在就告诉你们，保持着你们的生活，使它永新；保持着你们的精神，使它永新，本着这个永新的精神，来应付这人生一切的问题呢？

我总以为，世界上的一切是人创造的。我们的生活是创造的生活。我们应该本着奋斗的精神，创造一切，解决一切。能够如此，你才能对生活发生兴味。否则，虽然你年龄幼稚，而你的精神却已衰老了。我们更不应该对于现在感着满足，因为我们生活的目的是奋斗，不是一时的成功；是长进，不是满足。我们能说，我们只要长进到某一地位，奋斗到某一步骤就行吗？我小时候曾见一富家子弟，那时他已二十多岁了，染了吸鸦片的嗜好，每天睡到下午五时才起身，冬天披了重裘还嫌冷。这种生活岂不是受累吗？哪来的快乐？我那时批评他是没福享受。现在看来，原是他自己不能奋斗。而考察他不能奋斗的原因，却是他家富有，他对于当时的生活已感着满足，不想再上进。如此看来，多财的确是消磨青年人志气的大原因。青年志气一消磨，对于生活觉不出兴趣，事事都觉着呆板、单调，对于年年的花发，日夕的风雨，都怀着厌倦，那生活着又有什么意义呢？倒不如自杀了。其实，生活是那么无意义吗?是那么困难而枯燥吗?那却不然,只是他自己的没有志气,精神颓丧罢了。

那么,怎么可以使我们感着生活的兴趣呢?唯一的答案,就是奋斗!我们须放大眼光,勿对于一己的利害患得患失。我们应做有益于群众的事业。侥幸胜了,不足为喜,因为我们的目的只在一辈子的奋斗,而不在一时的胜利。假如败了,也不要失望,因为失望能使你精神颓丧,减少你奋进的勇气。有人批评我是苦命的牛,要拖一辈子的车。不错,让我拖一辈子的车,这就是我的希望,这就是我生活的目的。

近百年来,科学发达,知道人类是逐渐演进的。那么,我们的生活,当然要永远向前进步。我们应该认定:不断地长进,是我们生活的目的;永远地奋斗,是我们生活的方法。我们绝对不能故步自封,安于现状。我们须本着奋斗的精神,采取乐观的态度,从事于我们的创造的生活。

(载《南开周刊》第 121 期)

编者按:上期特载栏刊登《奋斗即是生活的方法》一稿,据校长与记者个人谈话云,除该稿所记各节外,尚有余意未申者,特为补录如下:

人类生活永新,则对于奋斗不致厌倦。惟更新生活之方法,亦须出以慎重。其能处之既久而增加吾人之奋斗能力与勇气者,斯为有益的、良善的变换。若处之久而反将吾人奋斗之能力与勇气消磨减少,则又何贵有此一变换哉?故当吾人更新生活之际,其最需注意之前提,即吾人所谓之新的生活,是否能增加吾人奋斗之能力与勇气。换言之,亦即是否能有益于吾人也。

(载《南开周刊》第 122 期)

基督教与爱国[①]

（1925年10月11日）

今天敝人很荣幸地，在诸君前说话。这次是很不容易凑巧的，因为前几天有朋友找我到烟台讲演，回来的时候，旅行不甚方便，先乘汽车，后坐骡车，到车站的时候，火车正要开行，若是再迟到五分钟，恐怕此次对诸君说话的机会失去了。

此次的讲演，敝人没有参考书籍，不过仅将我个人既往的经验和诸君讲一讲。

我信宗教的原因，就是发生于我的爱国心。二十几年以前，我在北洋水师学校，亲见旅顺、大连为日本割去，青岛为德人夺去。当我到刘公岛的时候，我看见两个人，一个是英国兵，一个是中国兵。那英兵身体魁伟，穿戴得很庄严，面上露着轻看中国人的样儿；但是吾们中国兵则大不然，他穿的衣服还不是现在的灰色军衣，乃是一件很破的衣服，胸前有一个"勇"字，面色憔悴，两肩高耸。这两个兵若是一比较，实有天地的分别。我当时觉得羞耻和痛心，所以我自受这次极大的激刺，直到现在，还在我脑海里边很清楚的。我当时立志要改造我们的中国人，但是我并非要练陆军、海军同外国相周旋，我以为改造国民的方法，就是办教育。后来，我回到本城兴办学校，遇见种种的困难，并且有时候我还抱着一种悲观。我知道这种人生观没有什么意思，因为人终久要死。以后我常读《耶稣言行录》，看见耶稣的为人，很受感动。

[①] 本文系张伯苓应北京协和医学校宗教部长朱友渔博士的邀请，在该校所作的演讲，由郑兆龄笔录。

这一本书帮助我很多,我所以借着他的鼓励,总算是还没有半途中止,而打破各种困难,还要办我的教育。换一句话说,就是要改造我们的中国人。我希望受改造的中国人,再和他们外国人比较的时候,就不在他们之下。我因为得着耶稣基督的帮助,我才起始信宗教。所以我说我的基督教的信仰,实在发生于我的爱国心。

我们更进一步讲,宗教是否与爱国互相冲突?我们若是平心而论,宗教毫不与爱国有冲突之点。在拳匪之乱以先,中国人信教者甚少,而当时多数人还反对基督教。他们以为若是入基督教,无论什么事情,都要学外国人,说外国话,穿外国衣服,甚至于还信仰外国的神仙,若是用外国的宗教,而爱吾们中国,这岂不是南辕北辙?这从前人的思想,我们公认是不对的。

现在又有人说:基督教虽好,但是实行在中国,未必合宜。因为中国比他国弱,而基督教的宗旨,不外乎世界大同和博爱,毫无国家的观念,这岂能实行在吾们中国呢?但是诸君要知道,敝人今天所谓的宗教,也就是宗教的真义,并非仅仅地讲演神灵,祷告上帝。我们还用这宗教的能力,改造社会,使国家的地位不在外国之下。

现在还有些人对于爱国的观念很注重,游行、演讲、开会、募捐,费了许多的力量,回头看一看国家的状况,与从前没有什么分别,所以非常的恼丧,而他的志向,一点一点地也就颓下了。诸君要知道,我们国家受病太久,并不是一天所能治好的,也并不是游行、演讲、开会就能治好大病的。还有一种人受了极大的激刺,痛恨外国人,要杀外国人,教他的爱国热心所鼓动。这个不仅对他自己并没有利益,即是对于国家也有害处。所以我以为爱国不要狭义的,乃要用一种广大的方法,去救你的国家。那方法是什么?就不外乎我所说过的用宗教去救国。我从前看见有人抱着爱国的热心,立志要救他的国家,后来因为困难将他围住,他就始而不敢前进,既而丢去他的大志,终乃灰心失望,甚或还有因灰心之后,而无恶不为者,这是因为他不知道用宗教的方法,去鼓励他自己。

这一次我到烟台的时候,三天之内,讲演几乎到十次,看见他们一般的青年男女学生,很有爱国的观念,所以我回来之后,有一种感想,还是要办教育。因为教育能够使得他们这样儿。我自己要勉励,今天还要用几句话勉励诸君:希望中国的兄弟姊妹们,你们若是要强你们国家,应当以宗教爱国,不是要狭义的。再就他一方面而言,加拉罕①的言论很合公理,他是一个非基督徒,还说出这种的公理来。我们世界的基督徒,为什么还不快讲出公理。我希望世界的基督徒,将公理行在世界上边!

(载《南大周刊》第 1 卷第 5、6 期)

---

① 加拉罕(1889—1937),苏联外交家。曾发表《苏俄对华宣言》,声明废除沙俄时期与中国签订的一切条约。1924 年出任驻中国大使。

人格·实业·政治①

(1925年11月25日)

(前略)我们学校里,现有文、理、商、矿四科。文、理、商先立,矿科是后添的。但论起精神,矿科最好。它的原因是什么?据我想,矿科每个暑假有练习,同学得在一块儿玩耍或讨论,所以其乐融融,感情甚好。矿学会的组织,虽然也有教授帮助他们,确是个自动的组织,成绩最好。它的原因,也是我前面所说过的暑假有练习。你们商科这次组织商学会,联络校内外同学感情,为将来做事之备,我希望你们的成绩,不落矿科之后。

南开大学教育目的,简单地说,是在研究学问和练习做事。做事本就是应用学理,将平日所得来的公律、原则、经验应用出来到实事上去。

研究学问,固然要紧,而熏陶人格,尤其是根本。"君子不重则不威,学则不固"②,个人人格是很要紧的。人格要与人合作才能表现,假使你孤居远处,隐居鸣高,那末就是你有高尚人格,也无由表现了。我希望你们同心协力地去合作,表现你们的人格,而达到你们的目的。

人不必怕穷,更不必必自私。我不信自私有济于人,我却信社会上各种事能对公私皆有利者,始有济于人。拿着公众利益的目的去做事,决不至于失败。假使真为公而失败,也不算失败。我几十年信此甚深,一意力行,始终未渝。假使有人要在那一界,乘着机会发点财,

---

① 本文系张伯苓在南开大学商学会成立会上所作演讲,由尹慎笔录。题目为编者所拟。

② 语出《论语·学而》。

先为自己谋温饱，这种发财的人，人家对于他固然不满意，就是他自己以财多累，也不见得就痛快！

现代科学昌明，工、商、农界都有新的发明和新的组织。我希望南开大学能造出一班有组织能力之人，以发达中国的实业，而谋国家的富强。

现在风行一时的，不就是共产主义吗？它的发生的原因，就是分配不均。一个社会里，有几个资本家拥有大量的财产，群众对于他不满意，因而有罢工等事。但是这些事，是在西洋常见的。中国的现状，说不上有产，有的是些工具及机器，这些东西能帮助着人生财快，并且也不能为一个或几个人所独有。所以现在的中国，不是产业的不平，是政治上的不平，政治上的糜乱。我理想中想造出一班人来，发达中国实业，为公的，而非为私的。

我的理想如何实现，在办教育。所恃靠的人，即你们商科的学生。你们今天开完成立大会后，起首去做，希望着达到你们章程上的目的，至于能否达到，要看你们做得如何。不过在现在的中国，为中国历来未有之时机，到处皆机会，不至有英雄无用武之地之憾，顶着头去干，快乐极了。

你们的智力、体力及家资都很够用，又有一个很安静的地方来读书；读书疲了，还有我这个做梦家替你们吹气，环境还不算好吗？现在时局扰乱到如此，一般醉心权力者失败必矣，恢复及最后成功的责任，端在你们预备中的青年。

有人说我厌谈政治，其实何尝如此。实在地讲，今日之政治，无所谓政治。中国现在之政治——官僚之政治，政客之政治耳！政客把身卖与军阀，是为饥寒所迫，不得不然，假使不出卖，就没有饭吃。我并不是不谈政治，是谈政治的机会没有到。我认为要人人有业后，始可谈到政治。现在一般在政界混饭吃之人，皆家无常产，没有饭吃，机会一到，乱喊乱咬，我尚忍心劝人去入此陷阱乎？所以我的方针，是先办实业，后谈政治。从实业中拿些钱出来，去办政治，不是从政治中拿些钱出来，去买议员。这种先实业而后政治，就是我的政治梦。

少年人做事,要有眼光,要有合作的精神。有了合作的精神,才有同心一志的意思。一个人上去,不要总去骂人家出风头,中国人真正应当出的风头不去出,所以才闹得中国到这个地步。有人上去了,我们应该去帮助他,不要拆台。少年人固然有些是尖头,只想占便宜,不管闲事,只晓得找人家的错处,而自己又不去做;但是这种尖头的事,小的时候,固然觉不着什么,到了长大成人,出去做事,就不行了。假使有一个同学在某处有点建设,要用一个人,一提到尖头的印象,他就会拒绝引用,这种事确不是小的。眼光要远,有了远的眼光,才有发展的机会,中国现在到处是未开辟,此时不去做,何时去做?

我希望你们,第一联络在校同学的感情,如同矿科一样,再联络出校同学及实业界各人,按部就班地往前去做,到后来就觉着快乐了。我的做事的秘诀,就在快乐。你们如能保持这种乐观的态度,成功如操左券。我在这个成立大会里,因未有预备,随便地说了些闲话,但是我很热烈地希望着你们努力合作,达到你们的高尚目的。

(载《南大周刊》第 1 卷第 14 期)

学行合一[①]

(1925年12月17日)

上期周刊登了陶知行先生为本校教职员演讲的一篇稿子,题目是《教学合一》,大家想都看过了。陶先生的意思,说教学应当合一。他的理由是:一、先生的责任在教学,在教学生学;二、教的法子必须根据于学的法子;三、先生不只是教学生学,并且同时自己也要学。我对于他第一个理由,还有些意见,陈先生已约略地写了几句登在周刊上。现在,用这几十分钟,我再和大家讲讲。

我的意思,以为以前的教书、教学生,固然是不对,但是"教学生学"就能说是已经尽了教之能事了吗?这个,据我看,还是不够,应该再进一步,教学生行。中国古代的教育的特点,教学生行也可算是一个。我现在可以举几个例,来证明孔子的"教学生行"。

《论语·学而》章有几句话:"子曰:弟子入则孝,出则弟,谨而信,泛爱众,而亲仁。行有余力,则以学文。"这里所谓的"孝""弟""谨""信""爱众""亲仁",不都是关于行的方面的吗?你看他底下接一句说,"行有余力,则以学文",他对于"行",是何等重视!反观现在的知识阶级里的人,多半是学有余力,则以求行;只顾求学求文,反把"行"一方面视为次要,甚且毫不注意。这是什么道理呢?难道说古人须讲"行",而今人可以不顾吗?

再看《中庸》上的一段话:"博学之,审问之,慎思之,明辨之,笃行之。"这几句话将我们求学的步骤指点得清清楚楚。我们要博学,但是

[①] 本文系张伯苓在南开中学高中周会上所作演讲,由蔡昭明、张志基笔录。

仅仅听受得很多，而不加以讨虑，他人怎样说，我们怎样听，没有丝毫怀疑、思索和辨明的功夫，那又有什么益处？所以那"审问""慎思""明辨"三步是必须的了。这几步功夫都有了之后，可以说声"知道了"就算完事吗？仅仅"知道了"有多大好处？所以"明辨之"之后，接着就是"笃行之"。着重还是在一个"行"字。

再举一个例来说吧，《论语·雍也》篇说："哀公问：弟子孰为好学？孔子对曰：有颜回者好学，不迁怒，不贰过……"哀公问的是谁好学，孔子答了颜回好学，似乎就可接说"不幸短命死矣"，可是他却插入"不迁怒，不贰过"两句，这是论他的"行"的。由此可见孔子心目中的好学，乃学行并重，而不是死捧书本的。

有些人以为"教学生行"很困难，在现在这个时代，无从着手。譬如你教代数，教他行 X 呢，还是行 Y 呢？并且，现在学科这么繁多，顾功课还来不及呢。诚然，现在的社会，比从前的复杂得多。一个人的知识，也应当比前人的多，才能处在社会里头。所以"知"的方面的科学等等，应当多多教授。但是，仅仅得了许多的知识就能满足了吗？"学"的一方面即使十全十备，而行的一方面丝毫不注意，这样能算是个完人吗？这当然不对。所以，我以为最低限度，即使"行"不比"学"更重要，也应当"学""行"并重，不可偏废。

学行并重，我们知道是应该的了。但是，怎么"行"呢？是否教工程学的除了课本上的知识而外，还教学生实地练习就叫作"行"？这个，并不是我所谓的"行"，也不是古人所谓的"行"。我所谓的"行"，是行为道德。提起道德，我又有些意见。近来一般人以为人类是动物的一种，他能够生存，他当然不免有欲望，可是一人能力有限，要合多少人，才能使生活的欲望满足，在这共同的努力的关系上，发生出公共的道德信条。这种说法，是从利害上着眼的，而不是从是非上着眼的。现在的人，可以说他们是智者，因为"仁者安仁，智者利仁"①，他们都是从利害方面去观察的。这个，固然也是一时的潮流所趋，不易避免，

---

① 语出《论语·里仁》。

但是我们既然觉出他的错误,就应该力自拯拔。像《论语》里曾子所说:"吾日三省吾身:为人谋而不忠乎?与朋友交而不信乎?传不习乎?"①那么自己监督着自己,对于学的一方面,也同样地重视努力,使学行两方平均发展。世界上的人全能如此,那么,现在的那些奇形怪状的事情,早就不致发现,而我们的生活也早就安宁而美满了。

  时间匆促,不能多说。现在,让我把我的意思总结起来说吧:现在社会上的变迁很大,而多流于偏废,只重物质,不重道德。尽管学富五车,而行为可以丝毫不顾。这种错误,我们既已觉察出来,就应极力矫正。学行并重,才可免畸形发展的弊病。所以,现在的教育者,不但是不能以教书、教学生为满足,即使他能"教学生学",还没有尽他的教之能事。他应该更进一步,"教学生行"。行些什么?简言之,就是行做人之道。这样,才能算是好的教育。

(载《南大周刊》第 1 卷第 16 期)

---

① 见《学而》。

社会调查的目的[①]

(1926年8月10日)

时局到今日,可称混乱已臻极点。(略)欲求和平安宁,在最近之将来,恐难达到目的。但吾人不能以混乱时局而消极,更不能以战争频仍而自馁。教育事业,既关国家百年大计,尤应督促进行,奋自勉励。吾人今固不能止武人之跋扈,无谓内争之循环,然吾人固足假教育青年之伟力,防后来之种种变乱也。是以时局愈混乱,吾人愈觉责任綦重,而于教育事业之信心,亦愈加深焉。

本校自成立迄今,已逾二十一载。人数合大、男、女中三部师生计之,亦已超过二千四百余人。校中财产基金及经费,虽云拮据,然撙节省用,亦颇可勉强度日,此固非当年创办时所得梦想及也。校外各处人士,鉴于校中历年成绩亦咸加赞誉及助益。吾人试阅学生之籍贯,见其远如海外华侨,蒙、察各处居民,咸不惮跋涉,相继来此就学,可觇本校虚名久已远播。虽然,吾人即可以此自豪,妄自满足耶?若然者,则吾人之所得进展者,尽于此矣。吾人惟不甘以现状而即自满足,故时欲奋勉改进,借臻完善之域。如关于学生生活问题,谙习社会情状问题等,先前虽稍曾置议,然并未实行解决。兹自暑假后,拟创一新组织,专解决上列各问题,而以调查或视察天津各界问题为其总纲目。此种新组织之目的,有下列数种:

一、培养学生实际上之观察力。吾国学生最大之缺点,即平日除获得书本上知识外,鲜谙社会真正情状。故一旦出校执业,常觉与社

---

① 本文系张伯苓在自己宅内召集服务南开诸生时的演讲。题目为编者所拟。

会隔阂,诸事束手。欲免此种弊病,最宜使学生与社会接近。若调查或视察各种问题,不特可培养学生实际上之观察力,抑可以换课堂生活之抑郁空气也。

二、明了各省之真正情状。吾人今日虽处兹社会已久,实则其真相如何,吾人殊难详确置答。以若许广大之商埠,而无一详实之调查及记载,岂非大可耻叹!故吾人亟拟假此机会,作一精确详尽之统计,供国内外人士之借镜。

三、使各问题有正当之解决。各问题既明了,然后指示国人以正当解决之途径。此种责任吾人应群起共负之。

上列各种目的,不过举其荦荦大端者。(略)

至其工作,以范围所涉太广,此时尚难一一具述。总之,当择其简而易并较重要者,先行试办,并拟先由初二、高一两级做起。

(载《校风》十六周年纪念号)

今后南开的新使命

(1927年10月17日)

这次本校刊印二十三周年纪念特刊,承编辑诸君邀我为文,使我借此机会与校内外诸同学略倾几句想说的话,心里很觉欣幸快慰!

我想诸位都知道我们南开学校过去二十三年的历史,是无日不在风雨飘摇之中。频年经费的困乏,几次灾害的侵迫,都足以致我们学校于死命,陷我们学校于停顿。然而这样辗转患难,卒能成立到现在,并且蓬勃滋长,前进未已,这实在一方面是靠社会诸公同情的扶助,一方面是靠本校同人热忱的奋斗。所以在此我先要对于他们诸位表示一番谢意!

本校成立到现在,在社会上所居地位若何?我想诸位在各方面,当然可以听到看到。但是我们所以能负此时誉,绝不是因为我们校舍比人大,或是学生比人多,实际还是靠我们所产的果子品质精良。因为诸君出校后在社会各方都能稳实从事,人格上、学问上又能奋斗向上,处处发扬南开的精神,随时怀着救国的志愿。这一点我以为正是本校对于社会的贡献,也就是诸君赐与母校的荣誉。所以在此我对于诸位离校同学也当深深表示感激!

我在三十年前肄业北洋水师。当时因为看到国是日非,外侮频亟,觉得要救中国非从教育入手不可,所以就与严范孙先生合创私塾。那时惨淡经营,校舍很是简陋,设备也极不完备,其后历了几许患难,经了几许奋斗,才能扩张到现在这样。为斯缔造经营,无非要想达到教育救国之目的。不过我以前所采取的方式,与现在稍有不同,也可以说那时的方法是没有到十分彻底。因为我以前终以为中国之积弱,是只在我们个人没有能力，所以一切不能与外人并驾齐驱；并且想以我们四百兆之众，苟有一天能与外人一人敌一人，则中国之强就可翘足而待。故一向对于教育方式，都按此目标向前进行。迨至近来，因经多方观察，觉中国至深之病，实不在个人之没有能力，而在个人之缺乏合作精神。我们且从智力方面讲，许多留学外洋的学生智力何尝真比外人低，学校考试的时候，第一名还往往多属中国人；其次再从实际方面看，多少经营贸易的商人，致富的本领有时只比外人来得大。然而一谈到国家，他们终是富强，我们终是贫弱，这原因究竟何在？难道仍是我们个人能力不逮的毛病吗？一经细察，就觉事非尽然。现在列强之所以能致富致强，实在是靠他们人民团结的能力；因为他们有强有力的政府，可以做他们一切事业的保障，并且可以凭此与外人抵抗。反顾我们中国，人民虽众，只是一盘散沙，人各为己，凭什么力量能与外人抵抗？我们要以个个人的分的力量，与人家全人民团结的力量去折冲争御，这岂不是以卵击石，终归失败吗？所以在此我觉得我们中国现在实有训练团结的必要。我们全国人民现在最低限度的希望是要有一个独立的国家，一个良好的政府。所以我们现在一方面是要使人民有组织的能力，合作的精神，负责任肯牺牲，没有名利之思，不做意气之事，什么事都以国家为前提，如此人才，将来组织政府，才能使政途清明，政治稳固。这正是我们现在训练的目标，也正是我们南开的新使命。所以现在本校对于此点已积极进行，凡校内各种组织都加以特别指导和辅助。此外，一方面要使人民有政治常识，了然于世界大势，对于各种关系本国切身利害问题，尤当实地研究，如此做去，才能得到真正的补救方法。关于此点也正是我们南开重大的使命。所以本校现在也已在实地进行。学科方面，现都特别注重学生应有的根本常识。近来更要有满蒙研究会之组织，凭着我们去空谈重实行的精神，我们要把满蒙问题能够实际解决。当然我们中国问题，不只满蒙一个，此外如关税、铁路等等，何尝不都是关于中国切身利害的问题呢！我希望我们将来都要把它们拿来细细研究，并且希望校内外同学能够互相联络，多多探讨，这样我们的教育方针，才不至于空虚，我们的救国目的,才不至于妄谈。最后我还要提醒大家一句话,就是我们应该通力合作,固结团体,实现我们最低限度的两个要求——一个独立的国家,一个良好的政府!

(载《南开周刊》第 31 期南开学校二十三周年纪念特刊)

学校是大家的学校[①]

(1927年12月5日)

这次我们学校不幸,有这样一个风波,实在是南开历史上一个空前的纪录!这个空前的不幸,同时也希望它是绝后的不幸!

无论什么样的事,若加思索,必有所因。即以我校这次风潮而言,也自有它所以发生的原因。这原因是什么?是师生间的隔阂。因为师生之间发生隔阂,彼此遂不相信而生疑。隔阂又怎样发生呢?这可以说完全是我的责任。因为我一个人,要兼顾三部的校务,同时又因经费关系,时常到别处去,结果同你们见面机会很少,谈话机会尤少。于是从前那精神的结合的学校,慢慢地竟变成了组织的结合,而学校也成了机械式的学校。这是教育上的大毛病,同时也是这次我校风潮的病根。

十几天前,在十八小时内——下午六时至次午十二时——有三件事情发生,使我受了极大刺激!

有天下午六时,我到女中去,同几位先生谈话后,又同几位同学谈。有一位同学就对我说:最好校长常常到这里来,因为有许多同学,很愿意同校长谈话。

次早十点到大学部去,傅恩龄[②]先生对我说:新请的日文教师何先生,平素极景仰校长,希望能得一个机会同校长谈谈话。我当时心里很觉不安!因为何先生是来帮我们忙的,只有我先去拜访,哪好倒

[①] 1927年11月,南开中学为限制学生旷课而制订新章程,引发学生风潮,张伯苓因此辞职,经董事会挽留后复职。本文系张伯苓复职时所作演讲。题目为编者所拟。

[②] 傅恩龄,南开大学校长秘书、校务总长,西南联大外语系日语教授。

先劳何先生的驾呢？

当日十二点时候，又同黄子坚先生谈。黄先生又说，有许多同学愿意同校长谈话，希望能分出点时间来接见他们。

这三件事的发生，使我觉到自己的时间太匆忙，而个人精神也多照顾不到的地方，结果以精神为结合的原素的学校，竟成了组织的结合，机械式的结合。

有人建议，可以派代表接见。我觉得这种办法很不合适。校务的推行，请人代表还可；若接待同学，则非代表所克成。因为许多要同我谈话的同学，并不是有什么事要同我谈，只是要作个私人的谈话罢了，那末如果请哪位先生代见，他们直无话可谈了，而且接见同学，也非我亲至接见不能收我理想中的效果。譬如暑假中的工作改革讨论会，聚师生于一堂，朝朝相处，结果那些同学对于学校及办事人，非常明了，非常谅解。不幸少数同学，竟对这些明了学校、能谅解学校办事人的同学，加以种种讥讽，或竟名之为顺民，为保皇党！这少数同学之不明了学校，对学校办事人之不能谅解，就起于同我谈话机会太少。所以如果我下一番功夫，直可使全校一千多人，都变成"顺民"，都变成"保皇党"！也惟有由"顺民"，由"保皇党"组成的学校，才是精神的结合的学校。

所以归根结论，这次风潮实在是起于我太忙，不能常与同学交谈，致师生之间发生隔阂，由隔阂而生误会，而生猜疑。事已至此，我们应当要想一个补救办法，以防将来的再不幸。这补救办法，就是我暑假中常同诸位说的以学生为主。

暑假里的工作改革讨论会，我常拿以学生为主这意思来同大家谈，意思就是我兼管三部，精力不能兼顾，希望大家自己动起来，我再从旁帮助。可惜彼时同学不能明了我的意思。现在可以明了了，而我的主张也可以实现了。

即如这次各班代表到我家挽留我去，他们都说：请校长回去吧！同学都需要你帮忙，你要再不回去，同学要没有书读了。好了，你们都觉悟了！你们都悟到学校不是校长的学校，是大家的学校；校长是来帮你们读书的，不是来欺骗你们的，不是来向你们使什么阴谋的。这是你们一个极大觉悟，同时也是我的主张的实现。所以这次我校风潮，固为不幸，但结果如此，在教育上实有极大价值，也予我精神上以无量愉快。希望从今以后本着这次的觉悟，继续努力，另造一新南中——大家的新南中。

又我离校前一天，适值全体职员例会，当时我就把我的辞职，向全体职员宣布，并请勉力继续维持。后来全体职员给我一信，信中有"职员等自惭平日对于学生指导无方，致有此事发生，理应同时一致引咎辞职"等语。我除感谢诸位职员过去一周中的维持外，实在不觉得诸位职员有什么咎可引。并且这次学生的大觉悟，实在是诸位职员平素指导之功。同时也使我感到南开的教育，是真有效果的。希望全体职员，大家一齐继续努力，不必灰心。

好了，一场风波，现在已经平平安安地过去了。这好像一个人得了一回伤寒病，现在已经出了一次大汗，大汗之后，百病痊愈，体力反因之而转强。南中也是如此，现在病已消除，同时也出了一身大汗，将来日趋康健，自在意料中。所以今后的南中，应当要另辟一新纪录，作一新的纪元。

事情虽过，不能不有以处置之。关于处置办法，现在我分三层来说：风潮的原因；对于主动者之处罚；善后办法。

风潮起于师生间之隔阂，前已言之。这可以说是远因；至于近因，可得下列诸端——

一、同学对于暑假中工作改革讨论会之误解。

有人说，南中之改革，完全是应付潮流，是敷衍门面。我以为说这样话的人，他完全是没有用脑想，没有用眼看。假若他想一想，或看一看，他一定可以觉到这南中的改革，并不是什么应付潮流，实在是南开固有的进步的精神之表现。因为南中的改革，已不止这一次，将来也还不止这一次，而且改革方案中，有许多是现在国内一般还没做到，是南中之改革，实负有领导全国的使命，何从说应付潮流？又应付什么潮流？

二、少数人对于热心校务的同学之不谅解。

暑假开学后,学校气象,焕然一新。许多同学,也抱着很大的新的希望,来帮助学校推行新的施设。正在这时候,有少数不良分子,竟目那些同情于学校改革的同学为"保皇党",为"顺民",为"黄马褂"……以离间同学对他们的信任;同时又用尽方法,使他们不得不避除一切而立于旁观地位。这少数不良分子,不知是另有作用,抑是有所忌妒。

三、同学之误信谗言。

同情于学校改革的同学们,既因少数人之不能谅解而退避,于是那些不良分子,认为有机可乘,竟处处妄造谣言,离间师生间感情。多数同学惯于不闻不问,谗言遂得乘机而入。结果是一部分同学竟同学校立于相对地位。

四、学生会之停办。

少数不良分子之不安心读书,学校不是不知道。不过认为这少数人,只是走入迷途,所以处处还是善言开导,希望能感化他们,以不失教育的意义。可巧正这时候,省政府通令各校解散学生会,本校学生会自不能例外,于是也遵令停办。少数人于此,因活动无所凭借,于是又抱怨学校,谓学校为专制。其实学生会之解散,乃出于省政府,且同时解散者,并不止南开一校,这于学校何关?另一方面说,现在的学生会,已失了真正学生会之目的了。你看在他们解散后的宣言,竟抱反日运动与反对旷课扣分,拿来做他们工作的目标。这两个天地悬殊的目标,怎么能相提并论?这不是他们已经忘却本身是什么了吗?

学生会又口口声声以为同学谋利益为口号,而所行所为,反日趋危险区域。是名虽为同学谋利益,实是妨害及你们的学业及安危。你们这么多人,就受他们几个人的骗吗?

五、少数人之借学生会以自逞私图。

学生会既解散,我即派人去接不能停顿的平民学校及贩卖部。但还有少数人提出条件,就是非等我签字承认受他们的监督,决不交出,并且说这是代表大会的决议。我不知道,代表大会何竟不明情理至此!试问你们每年交十几万元的学宿费给学校,你们也曾向学校要求签字,承受你们监督吗?我因为他们这种举动,真等于不信任我,所以我拒绝签字,也不再向他们提接收事,而他们也就延不交出。

正在这时候,同学乐永庆、林受祜等因为看出了这事的内幕,发表了一个宣言,促同学注意。但因为字句之间及方法的欠妥,竟大遭攻击,被他们骂得闭口无言。可惜多数同学在那时候还不见及此,还受他们的愚弄,而少数人的政治手段,于此也私庆成功了。

六、少数人假全体名义肆意要挟。

少数不良分子,见大多数同学都服服帖帖地受他们愚弄,于是又以反对旷课扣分为借口,而假借全体名义,到校长办公室请愿。

提到旷课扣分问题,他们本早对我说过。我的答复是这样:只要同学都可以不旷课,则扣分办法,马上可取消!他们又不敢保证,那么这种限制的办法,当然不能取消。

事前已经有这样的接洽,而那天他们还要聚些乌合之众,假借全体同学名义,跑到校长办公室去聚众要挟。那天我一早就到大学去了,所以由张仲述先生代见。张先生同他们处处以学者态度来谈话,而他们反同张先生怒目相待,出口恶言。相持了两小时,终于没结果而散。我回来听到这回事,使我心里非常难过,非常灰心。同时我以为既是全体同学都对我如此,那么我还有意味来帮助大家?所以我决定辞职,以让贤能。

我到北京后,许多关心南开的或南开老同学,都去找我。关于这次风潮的处置,有的以为应当用"力"去处置——把为首的开除;有的以为最好使一种巧计,把学生分成两派,使他们自己去淘汰;有的以为应当等全体同学之觉悟。第一个方法不足以服人,第二个方法又非教育家所当采用,只有第三个方法为最上策。而现在我校风潮,也终于从第三种方法中解决了。这并不是偶然的,实在是我们南开一种特殊的现象。也是因为学校办事,处处能开诚布公,所以外人虽谗言煽惑,也只是一时的,决不能成功。

又自治励学会出版的《励学》,谓南开为贵族学校,这真不知何所据而云然。假若说凡能入中等学校的都是贵族,那么不错,南开是贵族学校。不然的话,从哪里见得南开是贵族学校,用钱多吗,设备华丽吗,学生奢华吗?请你们到别处去比比再来说。又有人说南开没出过人才,我也承认。因为直到现在,南开还没有造就出来一个军阀、一个政客。但在社会上服务的,南开学生却不少。你们出去问问,南开学生在哪一个团体里会落人后?在哪一个团体里不是人才?这种无的放矢,真不知是什么用意。

好了,以前过去的,满不追究。以后不许再有旁敲侧击、冷讥热嘲的事情发生。再要发生,定严办不贷!至于这次风潮主动人,我决不加以责罚,希望他们能自己觉悟,悔过自新。此外,《周刊》、平民学校及贩卖部,仍由前次约定的那些人接办;《励学》不准再出,自治励学会也暂时停办;同学之间,以后不许再存忌妒心,不准再妄呼打倒什么。请愿代表,也不加处罚。这是我的判决,也是这次风潮的处罚。

总之,我校事务纷繁,组织复杂,师生之间又多不能互相谅解,所以发生隔阂而造成这次风潮。现在风潮已息,隔阂也除。从今以后,希望大家本大家事大家办之原则,继续努力为学校牺牲,同时还要固结团体,不为少数人所利用,那么新南中的实现,当是意料中事了。望同学勉之。

(载《南开周刊》第 37 期)

旅英讲话①

(1929年6月8日—21日)

一

校长有言曰:

吾日夜所努力所希望者,欲二三十年内之世界史中,有一章曰《新中国之觉悟与崛起》,而此新中国之觉悟与崛起之工作,吾南开同学亦有一部分也,余愿足矣。

二

六月八日,在英国伦敦,张伯苓受到留英南开同学的欢迎,在上海楼会餐时的讲话:

三四年来之南开,无日不在风雨飘摇中,幸全体师生,共抱合作无畏之精神,奋斗到今,虽中间亦不免稍有波折,然大体则无妨碍,不但维持原状,而且日有长进。如经济系之调查平津生活状况,生物系之研究日光与稻麦之生长等,此种实际问题之解决,利益普遍于全国。现在国内力图建设,吾人之责任,日益重大,甚望留英同学能有许多贡献。校内发展,由中而大,由大而女中,由女中而小学,现在小学已成立,并请定美国某女士为指导员,使女中学生服务小学,而造成一模范学校。在英同学有何建议?

三

六月十五日,赴伦敦寇园(植物园)参观后,张伯苓与南开同学共

---

① 张伯苓于1929年赴美、法、英等国参观,募款。本文系自留英南开同学赵言昌、龚明安、郦堃厚三人所撰《校长旅英记事》一文辑出。题目为编者所拟。

餐时的插话：

校长问同学曰："今日之游乐乎？"同学皆曰："乐。"校长又曰："独乐乐，与众乐乐，孰乐？"同学皆曰："与众乐乐！"校长大喜，曰："作今日之游记者，务必将此数语加入。"于是众推舒会长作记，立刻寄往母校。

四

六月十六日，留英基督教学生欢迎张校长，在大英基督教学生运动总所的讲话：

校长述中国教育之进步，与竭力吸收西方文明，应用科学工化，中国增加民食，一方节制生育、改良人种，以及此次革命后之希望与前途之乐观云云，讲毕付讨论。有华侨某神学博士以南京政府大兴土木，是否虚縻金钱为问。校长起谓，孙中山先生在中国历史上之地位，至少可说是最近四百年来第一人。无论用多少金钱，以纪念孙先生者，十分正当，十分应该。国府要人，多属周知世界大势之辈，故做事高掌远跖，具有世界观念。孙先生坟墓，至少当可表现中国人民之心理之一部分而壮世界之观瞻。目下国内亟求建设，经费为难，政府日夜掬劳，未能万全，凡我内外同胞，当与政府通力合作，以达到国民革命之成功，而共图新中国之建设。

五

六月二十一日，张伯苓在爱丁堡与南开同学共餐时的讲话：

国外读书，不当仅以考试过去了事，须认真努力，以国外所得到者为工具，回过头来救中国。学经济者应努力研究，及与教授讨救穷之术，盖穷为中国现代最大病症之一。再中国教育最大之缺点，为只知用脑而不知用手，故为纸上谈兵。现在中国所需要的人才，是须有手脑齐全者。

（载《南开双周》第 4 卷第 5 期）

欧美考察之观感①

(1929 年 9 月 23 日)

九个多月的工夫,诸位一定很想念我的,但我也很想念诸位。一个人离开了他的故乡,便有所谓 home sick,我这次却犯了 school sick。现在来到学校了,这病亦好了。

所感谢大家的,第一便是今天诸位的到站欢迎。我在欧洲时即有函致学校,请大家不必太隆重,可是在上海有许多人欢迎,来到天津又是如此。第二便是同人们维持学校的进行。我离国九个多月的工夫,各事都照样地进行。在这种混乱时期,大家还能继续向前,的确是一件不容易的事。大家的力量真不小,无怪外人称我们为家庭学校了。中国人的家族观念未除,对于家庭总是有一种爱护的心理。

余自前次出国至今已十年。在此时期中不得休息,大学、女中学、小学的成立,三个学校的向前发展,一切经济的筹措,都是我亲手经营,并且经费都是向人捐来的。私立学校的办理不像官立学校那么容易,我们须用款少而做事多。好在我们的运气还不错,总算过去了。经过了国内的几次政潮,我们不但要应付政潮,还得要力谋发展。当着现在北伐成功的一段落,政局必有小安,故假此机会出国一行。此行目的有三:第一为休息,第二为捐款,第三为研究欧美之教育状况。

第一,先论到休息。我所谓的休息,不是躺下或坐下身心全部的休息,乃是根据心理学家的说法,是改变环境而工作。以前是在学校

---

① 本文系张伯苓赴欧美考察归来,在南开学校游艺委员会欢迎会上的讲话,由马步英、王锡钧笔录。题目为编者所拟。

里办事,到了外国便不然了,地方不同了,所交接的朋友也不一样了,所用的语言更是不同,以前所常运动的几个机关休息了,换了机关去操作一切。休息的结果,我的腿是时常用了,外国的道路很好,短的距离都是步行。以前在中国走长路便腿痛,现在练习得能走路了。手也是时常用,外国旅馆里的仆人很少,行动时一切行李的收拾,轻便物件的携带都是自己下手。并且我的衣服除衬衣硬领外都是自己去洗,省钱还是小事,这倒是件睡前的 exercise。我以前久坐腰痛,现在九个多月未犯了。我的身体是较前强健了,思想脑筋都较以前活动,对这一项的结果可以算是圆满。

第二,捐款。这的确不是一件容易的事,向外国人捐款更不容易,欧洲人自顾尚不及,所以只有在美国捐款。美国人的财产都是自身赚来的钱,不易拿出,无故的绝不帮助,必须理由充足。再有便是美国立国百余年,而今土地肥沃,工商业的发达,都是自己努力创造出来的,并没有任何人的帮忙,自由的精神,独立的精神是美国人所特有的。我们向他们捐款时,他们要问到中国的财富为什么不自己去发展,我们是莫可以对的。用可怜的态度,beggar 的手段,美国人是绝不予以同情的,所以不能这样说法,必须有正当的理由。我这次的理由是中国从前怎样好,将来预备怎样发展,现在虽然不好,乃是因为内政的纷扰,故经济紊乱,所以需款办教育造就有为的青年,因此我也要请你们稍帮忙,不是用你们的钱做基金,乃是在这过渡时期几年中的经费。使他们看看我们南开的以往,他们便可以晓得我们是时时刻刻在困难中争斗的。三十年的以往我们绝不是 follow the least resistance,容易的道路越走越狭,难走的道路才可以发展前进。他们给我们钱很小心,可是我们用之也不是随便,因为我们有我们的自立精神。世界上再强也没有能自立的人强了。又因为中国的问题是未来的世界大问题,助我们解决这个问题,也是他们所应该的。

在美因时间关系不能久住。许多友人之维持有委员会(committee)之组织,委员多系各界名人,由彼等介绍富户而资助。如经友人之介绍曾到 New York 见一位富翁 Mason,彼则允许每年捐款二千美金，以五年为限。又有 Chicago 的一位太太也允每年捐助一千美金，以五年为限。此外尚有每年允一千美金者一位，现来中国在燕京大学开会。总之，捐款注意点有二，第一便是须有人介绍，第二须有充足之理由。此次因日期短促，日后尚须仲述先生一行，办理一切尚须进行之事。

第三，关于我研究教育的状况。教育的考察以前是注意学校的组织、外形，现在的考察不应如此了，因为我看过的学校不知有多少了。现在的考察教育便是考察社会。教育是解决社会问题的，各国的情形如何？一切政治经济的状况如何？教育怎样解决他们这些问题？所以教育与社会很有关系。

这次与各国的教育家、社会重要人物讨论他们国家的重要问题，如何解决这些问题，教育怎样解决这些问题。各国都有许多通病，这种通病于我们很有帮忙。以后我们若是犯了某种的病，我们可以相对照，而不致恐慌，这样才可以解决中国的问题。一个学校并不是上课读书便完了，须有活的感觉。我们中国现在一切教育的混乱那更是不成话。这次在美最助我的便是克伯屈①博士，他在美国的地位较次于杜威，经验学识都是很丰富的。我以前在美时他是我的教授，那时他发表思想我只有听，现在我可以问他问题，所以得到他不少的帮忙。在英国也是用这样的法子去研究一切。如英国的失业问题，我便找研究专家去讨论，凡一切重要问题都是用这种法子解决。

前两次出国不善观察，此次则较前圆满。田地的耕作，工厂的生活，我都有相当的观察。总合起来便是知识，不重呆板，不存固定之成见，这才是真的 knowledge，所以年岁越大，经验越丰，而 knowledge 也就越充实。

我所观察的总结果：生在这个世界的人不奋斗，不竞争是不能生存的，miserable life 是无意义而可怜的，所以我们必须奋斗。这的确不是件易懂的事，中山先生所提倡的知难行易很好，所谓知，乃是切实

---

① 克伯屈（William Heard Kilpatrick，1871—1965），教育家，杜威的学生。

地认识并彻底地了解。

　　我所观察的世界各国,好的国家是富而强,不好的国家便是贫而弱。我们中国便是贫而弱的国家,人民的一切苦楚都基于贫弱的原因。我们若是打算强,解决我们的最大问题,只有按着以下的步骤做。

　　提到强,便有一种联想,就是军队、军火等,其实不然,乃是关于我们个人身体的锻炼。这次在美有几个大学矿科毕业生与我谈话,他们都是在美国 Ford 车厂做工的,并且在我们大学时身体非常强壮,中国人中之较健者,这次他们都感到体力的缺乏,身体不如外国人,工作的效率不能与外人相较。这不是个人的不健全,乃是我们的历史使然,一代一代地传下来形成了我们危弱的身体。所以我们身体的健壮是要紧的。我们的身体强,不见得是要打仗,就是做事也很要紧。外国人四五十岁是正当工作的时间,我们中国人三十岁以后便做整寿,大概四十岁便入黄土了。体力、脑力不充足,做事的效果如何能好? 我们在学校里绝不应该像现在一般人一样。再就是众人的强。许多人能联合才有力量,能联合才能制胜,才有势力。中国人既是弱,但是能联合还好,可是还是四分五裂,自私自利,合作的精神丝毫没有。这是中国人的大病。治这种病必须在学校做起,我们要练习团结,练习合作。我们南开的师生要彻底地努力地做下去,锻炼我们的身体,强壮起来,一代不行可以往下传,终有强健之时。还要联合,我们的团体要坚固,以便增加我们的力量。

　　再次论到中国的贫。我们的确是太贫。中国现在是吃社会的人太多,生产的人太少,社会的现象是不生产的人更可享乐,这样下去焉得不贫,焉得不弱? 至于贫的原因,第一便是工业的缺乏。我们穿的衣服,平素用的东西,多半是外洋运来。就以布而论,我们是否不会织布? 男耕女织是我国古时社会的现象,而今怎么竟穿的外国布呢? 乃是因了不进步,不改良,所以就被外人压倒了。中国人曾发明造纸,可是到现在处处用的都是外国纸。更有可耻的,瓷器的命名为 china,乃是因为中国的特产。可是现在如何? Foreign china is imported to China,外国的瓷器运到中国来卖。中国以前的社会职业有所谓士农工商,现在只有三种人,一是官吏,二是军人,三是农夫,工商已经提不到了,工人无工作,商人发售外国的货物还算什么商人?第二是人民的聚居。中国的农业是发达的,比任何国家的农田都好。因为我国人是特别吃苦耐劳的,而勤俭又为农民们的天性,所以有这样好的成绩。可是中国的农民特别的穷,原因乃是中国农民所占的土地太少,不能尽量地发展。所以以后我们要提倡移民。可以移民到东北及西北各省,开垦我们的广大平原。第三,便是我们中国人口的众多。以后我们要用优生学的方法,产生强壮的人民,要制止人口的特别增加。总起来说,要切记这三项:第一提倡工商业,第二移民边界,第三节制生育。

愿我们南开的学生要本奋斗的精神,努力向前,使我们的身体强健,不要自私,不要自利,各大城都有我们南开的毕业生,都能表现一种特殊精神。无论什么事情越练习越长进,我愿大家本着大家事大家办的精神努力一切。

(载《南开双周》第4卷第2、3期)

进步与务实①

(1929年10月17日)

今天开会为本校二十五周年纪念会,在今天不得不想起本校成立时第一次开会的情形。那时在本校创办人严先生家内,教员、学生、校役一共不到百人。现在教职员、学生合计起来有二千五百多人,可证二十五年来的进步。但进步是世界的潮流,不只我们进步,世界各国全是进步。如日本的庆应、早稻田等著名的大学,二十六年前我曾经参观过,去年赴美,路经日本,再去参观,较前进步很多。美国哈佛、耶鲁等大学,从前我亦参观过,现在再看,进步很大。就如英国是守旧的国家,学校如牛津等亦是守旧的学校,但亦有许多进步。世界进步,学校亦随着进步;学校进步,世界亦随着进步。单就中国而论,虽连年战争,许多学校也是进步,固不独南开如此。再说创办人严范孙先生,是中国一个有学问的人。但是他所以能为人佩服,是因为他能够务实。他念书是把书念在身上,不是念在嘴上或手上的。我们学校能从他的家里建起,就是能务实。世界所以能进步,亦是因为能务实。所谓科学方法者,亦就是能务实,不尚空谈的。学校离开他的家里以后,进步依然如旧,是因为借着严先生的精神,所以才有今日。此外,还有应该感谢的是社会。社会上帮我们忙的人很多,或以人力,或以财力,无不竭力帮助,使南开继续发展。但是我们所以有今日,其他的原因还是很多,一样一样地来说,亦说不完。不过担任职务学科的诸位先生,时时想法使学校进步,及全体学生之爱护学校,亦是学校进步的主要

---

① 本文系张伯苓在南开建校二十五周年纪念会上的讲话。题目为编者所拟。

原因。

现在学风很不好。学校时有风潮发生,独南开没有,并不是没有,就近来大学、中学的两次风潮,全是学生自己引起,而自己察觉出自己的错误,能够立刻自己来补救的,这就是有自觉自治的精神。总之我们所以进步而至今日的,全由以上这几点。最近出去九个月回来,不误这个会期,所以今天很高兴。不过有一件事最难过的,就是严老先生的故去。不过死是人人免不掉的,他七十岁死,不算是夭亡,希望大家继续他的精神去做,以谋下个二十五年的进步。

(载《南开双周》南开学校廿五周年纪念庆祝纪实)

为范孙楼奠基致词①

(1929年10月19日)

余对此次范孙楼奠基有二意义:一、闻校友会之建筑范孙楼,将于落成后,内设校友总会所,望诸君继严先生之建设精神;二、此次建筑费纯系诸校友通力合作而得来,此种合助精神,希达于久远,而助南开学校发展于无极。预计明年纪念日之落成礼,更当隆盛。而校友会之发展尤有一日千里之势。

(载《南开双周》第4卷第4期)

---

① 为纪念南开学校创办人严范孙先生,南开校友捐资兴建范孙楼,奠基仪式于南开学校二十五周年纪念时举行。本文是张伯苓在奠基式上的讲话。

在校友秋宴会上的讲话①

(1929年10月19日)

本人游历各地时见诸校友均极热心招待,以此次远游欧美而论,到处均有校友招待,而诸校友在国外曾会晤者,今日又在此会面,可见南开出校生散布各地之广,反衬世界之小。不过南开二十五来所以有此发达者,实赖严范孙先生之力。不幸范孙先生已逝世,学校之助力损失。兹幸各地校友会逐次成立,对母校颇能帮忙。今日又成立校友总会,并举行诸校友所募建之范孙楼,希望日后担负严先生所遗之重责。

(载《南开双周》第4卷第4期)

---

① 北京、唐山、山海关、黑龙江等地校友在津举行秋宴会,张伯苓发表演讲。题目为编者所拟。

放眼世界，脚踏实地①

（1930年9月1日）

吾校当此遍地天灾人祸，交通阻隔之际，而国内各处来校投考之学生，犹如此踊跃，今与诸生——中国有为之青年——相聚一堂，实觉前途光明，愉快万分。吾人在南开服务或求学，应本着抬起头来观察世界大势，低下头去脚踏实地工作之目标，勇往前进。至本学年之工作可报告者甚多，兹举其大者，则为筹办学术观摩会，以谋增加诸生之课外生活之兴趣。

（载《南开双周》第6卷第1期）

---

① 本文系张伯苓在南开中学第五十三次开学式上的讲话。题目为编者所拟。

德智体三事为自立基础[①]

(1930 年 9 月 23 日)

远方学生不惮跋涉,来此求学,非专为师长良好,设备较优,实以南开的教育宗旨在使学生自动自觉,自负责任以求上进,于是造成一种良好校风,而全校学生于不觉不知中随之亦好。所要者诸生在校能自立,到社会里去更须不为环境所动移。值此求学时期,诸生当以道德、身体、知识三事为自立基础。

(载《南开双周》第 6 卷第 2 期)

[①] 本文系张伯苓在南开礼堂初二年级集会上的演讲。题目为编者所拟。

我之教育目的①

(1931年2月)

一、余上次赴京时所得印象极佳。

二、本校以力谋扩充之,故经费时感不足。现在四部合计本年度约亏十余万元,历年积欠至暑假时恐即将达四十万元,但余见校务之蒸蒸日上,亦乐于多方奔走。此次赴京,即为此事,结果虽未敢预卜,但余深信有志者事竟成……

三、日前瓦式邦②博士(Dr. Washbume)来校时,曾叩余以教育之目的为何。余答:"我之教育目的,在以教育之力量,使我中国现代化,俾我中国民族能在世界上得到适当的地位,不至受淘汰。欲达此种目的务须对症下药,即:A、注重体育,锻炼健强之国民;B、注重科学,培养丰富之现代知识;C、注意精神的修养……向深处培,向厚处培……整理中国固有之文化,摘其适合于现代潮流者,阐扬而光大之,奉为国魂,并推而广之,以求贡献于全世界。"……昔孔子删诗书定礼乐,亦此旨耳……此种删定重任,愿与诸先生共勉之……

(载《南开双周》第7卷第1期)

---

① 本文系张伯苓在南开男、女中及小学三部全体会议上的演讲。题目为编者所拟。
② 瓦式邦(1889—1968),或译华虚朋,今译沃什伯恩。美国教育家。

新生活运动①

(1934年5月5日)

近几年来国人对于"运动"这个名词每发生疑虑,甚或觉得讨厌。因为所谓运动者,只贴标语,喊口号,闹打倒,都是些只知责人不知责己的不收实效举动。新生活运动或许是受了外侮刺激的影响,却不是这样,从找自己缺点上下功夫,来引咎自责,勉励本身。正如古人说:"失诸正鹄,反求诸其身。"②射箭不能中,不要怪罪靶子放的地方不正,应该反躬自问射箭人身体站的姿势是否适宜。这种自己改良本身的缺点,才是真觉悟。这种觉悟,可以说是新生活运动最有价值的意义。

想到自己的短处,以前虚矫之气便立刻减少,不禁生下列两种心理:第一是耻,耻我之不如人。试看日本人除去压迫中国使我们愤恨外,哪一样不让我们佩服。何以人家能做,我们中国人不能做?第二是惧,惧我之不能生存。在这二十世纪世界中,人家欧美各国那样强盛,为生存问题还千方百计昼夜苦干,我国这种情形又怎能苟延残喘?

不过耻、惧之下,我们不能自馁,必须发愤努力去做。因为新生活在个人方面是改习惯,团体方面是易风俗。照心理学说,改坏习惯不是一件容易事,应该多用改正工夫,须较养成习惯时加一倍力量,常常地做,屡屡地做,方可成功。所幸耻、惧两种心理是很好的动力,我们明白此中真义,个人改习惯,团体换风俗,并非难事,正如孙中山先生

---

① 本文系张伯苓在河北省新生活运动成立会上所作演讲的纪要,由忱笔录。题目为编者所拟。

② 语出《中庸》。

说的"知难行易"。

新生活的实做,是从小处做起,大家不要轻看小事,积小可以成大。刘先主对阿斗说,"勿以善小而不为,勿以恶小而为之",正可以作一个很好的注释。这次本会所开的十个信条,七个戒条都很简单,大家若是彻底地而且持久地做,将来的成功,定可预卜。有人说这些信条、戒条已经有许多人逐条行过,然而新生活运动是民族的,一二人或少数人独善其身没有用,必得大家一齐来做。今天在座诸位都是各界领袖,正好由诸位以身作则,来领导这个运动。古人说:"君子之德风也,小人之德草也,草上之风,必偃。"①

在新生活运动中大家万不可自暴自弃,以为我们造新生活是不可能。最近有友人自南昌来说,那里大街小巷全都整齐洁净,路上行人极有秩序。由是可见新生活不是不可能。

最后我盼望河北省方面的新生活运动,最好由政界担负监督责任,学界担负讲演责任,报界担负宣传责任,大家深切了解我们的耻和惧,从小处做起,一步一步彻底地、持久地、脚踏实地地去造新生活!

(载《南开高中学生》第3、4期合刊)

---

① 语出《论语·颜渊》。

赠毕业同学①

(1934年6月6日)

你们青年人现在正是在做梦的时候,我不愿说些极沉痛的话惊醒了你们青春的梦。可是在将别离的时候,不说也许你们就永远就这样子地睡下去了。今天只把我一生的经验所得,用几个简单的字表示出来。你们要牢记,这些对于你们到社会服务都是有帮助的。孔子有一句话说:"人无远虑,必有近忧。"②这话真是饱尝人生风味的经验语。你们若愿做醉生梦死的人,那就不提啦;若不愿意,而愿为国家做点有用的事,仍希望诸位往远大高深处去着眼。这样你的出路就宽了。你不会去计较眼前的失败,看得远,望得深,你的前途无阻碍,能使你一直地向前达到光明平坦的大路。你若眼光所见的范围狭小,眼前的失败,会使你颓废,灰心,不起劲。这样的一个人是没出息的,更不能望他去给国家做事。所以在今日别离的会中,我赠你四个字:远大高深。希望你们时时刻刻去注意放你们的眼光。这就是我给你们的纪念品。

(载《南大副刊》第47期)

---

① 本文系张伯苓在南开大学女同学会上所作演讲,由张静笔录。
② 语出《论语·卫灵公》。

南开的目的与南开的精神[1]

（1934年秋）

各位同事，各位学生：

今天是南开大学第十七学年开始的日子。南开的历史，不从大学起，而从中学起。从中学起现在已有三十年。十月十七日就是三十周年纪念日。这三十年来，南开各部连续地发展，我的感想甚多，特来和各位谈谈。

三十年前，中学正式成立。彼时还在严范孙先生家里。在这以前，还有六年的历史，也在严宅，那是个家塾，后来才成正式的中学。中学成立之后，添设大学，又添女中，又添小学。所以南开的历史可说三十年，也可以说三十六年。无论三十或三十六吧，在此三十或三十六年中，翻看或回想中国历史的人，一定觉得变化真多。学校的历史，也恰恰在这变故极多时期。学校之所以成立，确有它的目的。这目的，旧同事和老学生大概知道，其余的人，或者不知道。

天津有个有名的学者严范孙先生。他读的是旧书，是中国书，但是他的见解，却不限于中国的旧学。他把时局看得极清楚。他以为中国非改弦更张不可。他做贵州学政的时候，所考的是八股，而所教的是新学。现在在本校贵州学生的父或祖，就许是严先生的门生。严先生倡改科举，改取士的方法，触了彼时朝廷——西太后——之怒，便不做官，回到天津来。戊戌年，个人万幸，遇到严先生。自己本来是学海军的，甲午之后，在海军里实习，彼时年纪二十三四岁，就看中国上下

---

[1] 本文系张伯苓在南开大学1934年秋季始业式上所作演讲，由黄钰生笔录。

交争利,地大物博,人民众多,而不会利用。彼时自己的国家观念很强,眼看列强要瓜分中国,于是立志要救中国,也可以说自不量力,本着匹夫有责之意,要救国。救法是教育。救国须改造中国,改造中国先改造人。这是总方针。方法与组织,可以随时变更。方针是不变的。中国人的道德坏,智识陋,身体弱,以这样的民族,处这样的时局,如何能存在?这样的民族,受人欺凌是应当的。再想,自己是这族人中之一个,于是离开海军,想从教育入手。真万幸,遇到严先生,让我去教家塾。严先生之清与明,给我极大的教训。严先生做事勇,而又不慌不忙。有人说,旁人读书读到手上来了,能写能做,或是读到嘴上来了,能背能说,而严先生读书,真能见诸实行。我们称赞人往往说某某是今之古人,严先生可以说是今之圣人。他那道德之高,而不露痕迹,未尝以为自是好人,总把自己当学生。可惜身体弱——也难怪,书房的环境,身体如何能好——七十岁便故去了。死前也有几年步履不灵,然而心之热,是真热,对国家对教育都热心。我们学校真幸会由严先生发起,我个人真万幸,在严先生指导之下做事。

发起是如此发起,目的是要救国。方法是以教育来改造中国。改造什么?改造他的道德,改造他的知识,改造他的体魄。如此做法,已有三十年。这三十年,时时继续努力,除非有战事,是不停学的。如辛亥革命,局面太乱,停顿几月。记得那是过了旧历九月七日——学校历来的纪念日,后来才改为阳历十月十七日——纪念日过了不久,就停学,下年正月才能开学。以后便未这样长期地停顿。如直皖之战,李景林①与张之江②在天津附近打仗,奉直之战,不得已停几天,但凡可以,就开学。在座的旧学生旧同事都还记得,两次津变,不得已停学,不几天又开课,开课就要求进步。

今年的进步,从物质方面说,有中学的新礼堂,女中的新宿舍,小学也有添置,大学也新添教员住宅和化工系的试验室。有人说,华北

---

① 李景林(1885—1931),东北军将领,武术家。
② 张之江(1882—1969),西北军将领,武术家。

的局面危险如此,你们疯了,添盖七万四千多块钱的房子。我说,要做,这时候就做,要怕,这三十年就做不成一件事。有人说,南开应该在内地预备退身的地方,我引《左传》上的话回答:"我能往,寇亦能往。"

不错,盖了些房子,然而房子算什么?书籍算什么?设备算什么?如果你们有真精神,到哪里都可以建设起来。学校发达,国难也深,比以前深得多。不怕,所怕者,教育不好,不当,不能教育青年得着这种精神。你们也要这样,不把物质放在眼中。物质是精神造的,精神用的。在这一年以内,增加许多设备,人家看来,一则以为糊涂,二则惊讶。钱从哪里来的?想法去弄的。只要精神专注,样样事都可以成功。前星期有个朋友曾仰丰①来看我,他是我第一次到美国的一个同船。他说他未到过中学,我便陪他去看。看见那里的建筑,他问,哪儿来的钱?我说,变戏法来的。反正不是抢来的,要是抢来的,现在早已犯案了。他问我学校一共有多少产业。我算了算,房子有一百多万,地皮七八十万,再连书籍设备,大约有二三百万。我也不知钱怎样来的。我也不计算。我就知道向前进。我决不望一望,自己说,成了,可以乐一乐了。做完一件事,再往前进。赌博的人不是风头顺就下大注么?我也如此。往前进。能如此的秘诀是什么?公,诚。未有别的。用绕弯方法不成,骗人不成。骗人还会骗几十年?谁有这样大的本领?事情本来是容易,都让人给弄难了。曾先生听我的话点点头。我又说,我一人要有这样大的产业,我身旁就要些人保镖了,还能坐辆破洋车满处跑?

这并不是说我好。我只是说,如果公,如果诚,事就能成功。我的成就太小太小,你们的成就一定比我的大得多。成就的要诀,我告诉你,先把你自己打倒。当初我受了刺激,留下的疤很大。难道你们受了伤,不起疤么?受了刺激,不要嚷,咬牙,放在心里,干!南开的目的

---

① 曾仰丰,北洋大学土木工程系毕业,留美。曾任川康、福建盐务局长,著有《中国盐政史》。

是对的,公与诚是有力的。干!近来全国渐觉以往的浮气无用,渐要在实地下功夫,要硬干,要苦干。我们的道理,可以说是应时了。我看见国人这样的觉悟,我就死了也喜欢。我受了刺激,我不恨外国人,我恨我自己为什么不争气。近来国人也知道自责了。所谓新生活运动,就是回头看看自己的做法。孔子教人"失诸正鹄,反求诸己"。射箭射得不好,不要怨靶子不正,怨自己!我给你们说个笑话。当初考武考讲究弓、刀、步、马、剑。有一次县考,一个生员射箭,本事不好,一射射到一个卖面的大腿上去了。县官大怒,要罚考生。卖面的说,大老爷请您不要动怒,这算小的的腿站错了地方,如果小的的腿正站在靶子那儿,这位爷不就不会射上了。

前些年,国人太浮,嚷嚷打倒帝国主义。嚷什么?这么大的国,还受人欺负,是自己太没出息。好了,现在也不嚷嚷了,当初领着学生们嚷嚷的人,也做官了。全国人的态度转变,与我们所见的相同,不责旁人责自己。近来新生活运动的规律,同旧日中学镜子上的话很相同。当初中学的大门口,有一面穿衣镜,为的是让学生出入的时候,自己照照自己。镜子上刻着几句话:"面必净,发必理,纽必结,胸容宽,肩容平……"我还常教学生,站不直的时候,把胳臂肘向外,就立刻站直了。此外,烟酒绝,禁嫖赌,一查出就革除。我以为发挥我们的旧章,认真执行,就是新生活。近来看着全国有觉悟,看到自己不行自己改。凡是一个人,除了死囚之外,都有机会改自己,都有希望。现在中国要脚踏实地,我认为这真是最要的觉悟,最大的进步。全国的趋势如此。我们也不落人后,发挥南开旧有的精神,认真实行。

再说,你们的先生,我的同事,真不容易请来。钱少,工作重,这是大家都知道的。别的学校用大薪水来请,也请不去。这种精神,是旁处少有的,实在可以做青年的榜样。新来的学生,也知道这里的功课紧,学费重,然而为什么来?不是要得点什么吗?近来的大学生毕业之后,就有职业慌,而我们今年的毕业生,七十几人,十成里有九成以上都找着事了。为什么?不是因为他们肯干么?先生热心,学生肯干,我们正好再求长进。以后要想侥幸,是未有的事。托个人,找个门子,不成。未有真本事不成。

今天是开学之始,又近三十周年纪念日。我们学校已进了一个新阶段。还做,再做。前三十年的进步太少了,此后要求更大的进步。人常说,学生们是国家的主人翁。主人翁是享福的吗?主人翁是受罪的吗?我说过不知多少次,奴隶容易当,主人难当。做奴隶的,听人的调度,自己不要操心;做主人就要独立,要自主,要负责任。然而有思想的人,宁可身体不安逸,也要精神自主。你们都是主人翁,就得操心,就得受罪,你趁早把这一项打在你的预算里头吧。

我们国难日深,然而还有机会,还有希望。就怕自己不发良心,不努力。我快六十岁了,我还干,一直到死,就决不留一点气力,在我死的时候后悔,哎哟,我还有一点气力未用。我希望你们人人如此,中国人人人如此。学校三十周年,而国难日深。所可幸者,国人已知回头,向我们这边来了。都要苦干,穷干,硬干。我们看国人这样,一则以喜,一则以惧。喜的是志同道合,惧的是坚持不久。不管别人,我们自己还是咬定牙根去做。

这次天津的学生,到韩柳墅去受军事训练,我以为很好。中国人向来松懒,乱七八糟,受军事训练,使他们紧张。我常说中国人的大病在自私,近来又加上一种外国的病——自由。你也自由,我也自由。不自由,毋宁死。我有个比喻,一边三个人,一边五个人,两边拉绳子,如果五个人的一边,五个人向各方面拉,三个人那一边,三个向一面拉,三个人的那一边必定得胜。这是我教人团结,教人合作的老比喻。中国人的病,就是各拉各的,拉不动了,还怨别人为什么不往他那一边拉。自私!打倒你自己。说什么自由。汉奸也要自由,自由地去做汉奸。孙中山先生的遗嘱,说"余致力国民革命,其目的,在求中国之自由平等",是要中国自由,现在中国动都动不得,你还讲什么个人自由?求团体的自由,不要个人的自由!从今日起,你说我要这样,不行;一个学校如此说,也不行。要求整个国家的自由,个人未有自由,小团体未有自由。我们从外国又学来一种毛病——批评。人家的社会已入轨道,怕他硬化,所以要时常批评。我们全国的建设什么都未有,要什么批评？要批评，等做出些事来了再批评；要批评，先批评自己。最要紧的批评是批评自己。现在有许多人，在那里希望日本和苏俄快开战，愿意他们两国拼一下。你呢？你不干就会好了么？孔子的话是真好。颜渊是孔子的大弟子，颜渊所问的，孔子还不将全副本事教他？颜渊问仁，孔子答道："克己复礼。"①好个克己。你最大的仇敌，是你们自己。中国人，私，偏，假，虚，空，非将这些毛病克了不可。孔子答子张的话也好："先事后得。"做你的事，不管别的。现在的人还未做事，先打算盘。吁！你把你自己撇开。我们要做新人，我们要为民族找出路。这是我们的最后的机会了。再不争气，惟有灭亡。我们学校，今年要发挥旧有的精神，更加努力。先生肯牺牲，学生不怕难。你们不要空来，要得点精神，要振作精神。打倒自己，你一定行。参加军事训练的学生，先觉难受，后来也行了，行也行，不行也行，也就行了。逼你自己做事，你对自己一定有许多新发现。日本人就是这样去干。他们的方法，总是置之死地而后生。我总想中国人的筋肉太松，我恨不得打什么针，教他紧张起来！本来就松，又讲什么浪漫，愈不成话。

前者有学生的家长，赞成军事训练，并且以为女生也应当学看护。这见解是对的。女生也要救国，救国不专是男子的责任。我以上的话，也不专是对男生说的。好，我们大家努力起。全国在振作精神，我们不能落后。好容易他们入了正路，我们更当做国民的前驱。

（载《南大半月刊》第 15 期）

---

① 语出《论语·颜渊》。

吾人应有之认识与努力①

(1934年12月4日)

诸位先生,诸位同学:

鄙人这一次路过宜昌,要到四川去看一看。本来不打算在这里逗留,因为换船的原故,我便很乐得到岸上来看一看宜昌的市容。昨天(三日)下午到女子中学参观了一下,我曾对他们初中部的学生讲了一次话。今天(四日)我正散步到昭忠祠的时候,金科长正在那里等候,约我向各位同学讲几句话,我觉得在船上十来天的工夫很疲倦了,而且也没有什么话可说,不敢耽误大家的宝贵光阴。不过金科长不肯把我放过去,那只好答应了。我刚才所说的话,大家都听懂了吗?在座的同学有一千人左右,后边的同学也都能听得见吗?(有三五个学生回答说"听不清楚"。)我说的话,是北方话,也可以说是普通官话。那么我慢一些说,大家一定都会听得懂的。

我昨天坐着人力车往女中去的时候,很注意地看到街上非常的干净。人力车你们知道是什么东西吗?你们也许喊它洋车或东洋车,都明白了吧?哈哈!又看见各铺家的门前都很整齐清洁,你们看这个院子里面也非常清洁的。国内许多的大城市我都去过,我看都不如宜昌干净。这话怎么讲呢,比方上海、南京以及其他的大城市,因为有特殊的环境,是应当干净的,并不足奇怪。唯独我一看见宜昌这个小城,竟是这样清洁,好像一座新城一样,我很诧异,我十分的诧异!昨天我就

---

① 本文系张伯苓逗留宜昌期间为当地学生所作演讲,由宜昌鄂西女子中学校长、南开校友安梦华笔录。

仔细地想一想,我知道这一定是最近一种改变,前几年绝对不是这样的。我刚才没有到讲台上来的时候,曾问过民生公司的几位先生,宜昌为什么这样清洁?他们的答案,我暂且不向大家说。我再问一问诸位同学,你们说宜昌为什么这样的干净?你们有在宜昌住了十多年,也有的住了几年,到底是什么时候才如此干净起来,前几年就是这样吗?前十年就是这样吗?你们都注意这件事情吗?你们都想一想。谁能回答我?(川中某同学说:"行辕设立在这里以后,近两月来才这样的干净。")大家说对不对?(全体同学回答说,"对!对!")好!好!我为什么不嫌麻烦地这样问你们呢?我注意这些零碎的事情有什么用处呢?我觉得有很深切很重要的教训在里面。民生公司几位先生的答案和刚才大家的回答我的话是相同的,不过回答时间的前后有点不同罢了。

我又仔细地看一看街上的行人,又使我得到一个很深的教训。街上的行人有军人有学生,还有其他各界的人。我最高兴的就是看见军人和学生的精神特别振作,制服都很整齐,面色都是健康的样子,我高兴极了!我特别地注意到这一点,因为国家前途的光明从这里就可以看出来。平平常常的人是不注意这些事情的,也可以说是有许多人根本想不到这些事。我处处注意到中国到底有没有办法这个问题。现在我们眼看一个污秽不堪的城市,居然很快地成为新城了。有提倡就有人肯干,这不很好嘛!受过教育的学生和军人是社会的中坚分子,他们会进步,也肯进步。他们能找到好的办法,他们能想出新的办法,这不是越改越好了嘛!我认为一般人染了恶习不容易改,也不容易向新的方向求进步。只有受过教育的学生和军人,才是最有希望的人。

我今年整整的六十岁了。我在前三十年左右的时候,对于国家的前途,也是和现在一部分青年人同样地抱悲观。前三十年和现在比较起来,实在是大大的不同了。当时我觉得军政商各界都是腐败不堪,一切都是坏的。我痛恨极了,我悲观极了!我细细地看一看,政界的人贪赃卖法,贿赂公行,真是无法无天,黑暗极了!军界的人仗势欺人,扰民害民,可以说是无恶不作。社会上大多数的人也都是垂头丧气,醉生梦死的样子,简直是暗无天日,一点生气也没有。我真悲观极了!

最近三四年来,我仔细地思量:现在的中国,无论从哪一方面看起来,比从前进步得很多很多了,而且一切的一切都在不住地向前进步。近来的政治比从前好了许多倍,自然还免不了有少数的人仍是贪污,但是很少很少了。再看一看军事长官和士兵们,因为受了新式的训练,他们那种爱国爱民的精神,处处都可以从他们有纪律的行动上表现出来。拿现在的军人和从前的军人比一比,简直是无法开比例了。这是什么原故呢?因为有领袖在前边领着干,大家都认清了路子,所以就都努力干起来了。现在全国的风气实在是大大地改变了,与从前大大的不同了。(略)你们知道我是怎样的一个人吗?我专门办教育有三十七年了,我以后还是要努力办我的教育事业。我唯一的指望,就是盼望中国富强起来。

我现在亲眼看见这种复兴的气象,又看见现在的军人和学生都是很振作的,这就好像宜昌城忽然改变了一个新样子似的。我想到这里,快活极了!

我再举一个例子:现在民生公司是一个新式的公司。民生公司里有几位先生虽然在这里,我可不是故意地要夸奖他们。他们用人、行政都是非常的合理化。工作人员都很有精神,非常的有志气。他们下了最大的决心,要振兴航业,所以他们就努力苦干。大家都知道中国的航业远不如外国,要是打算使外人的航权不侵入到中国来,喊口号、散传单都是没有用处的,政府的命令也是办不到的,必须有人肯脚踏实地地去干,这才能和外人争胜。这是一个小例子。社会的团结也是如此,必须大家合起来,去实地地办事情才能发生效力。

有一次我到杭州航空学校去讲话,教职员学生有一千多人听讲,精神十分的好。讲完了话以后,又参观他们内部的组织,完全是一个新的样子。组织非常严密,有系统,有纪律。他们有一个标语是"我们要与敌人一同拼命"。这种新的气象是从前不能够看得见的。我是个学海军的人,我从北洋水师学堂毕了业以后,亲眼看见个个海军都是萎靡不振,都自暴自弃,没有国家观念,只知道发财升官,整天价在娼寮赌场里面过生活,真是令人痛心!我因看不过这种腐败样子才决志办教育。你们想一想,拿现在航空学校的学生和从前的海军比一比,岂不是有天渊之别吗?

我从航空学校回去的时候,在杭州车站看见站房的各部办公室以及货房、候客室都建筑得非常壮丽,不但是很坚固,而且也很合乎卫生的原理。售票处有一排一排的旅客从门口鱼贯地出入,秩序一点也不乱。从前车站上没有这样好的秩序,铁路上的职员可以任意带着自己的亲友坐火车,狡猾的旅客会用补票的方法把票价折作两三成,通融过去。这种好坏的分别,谁都会看得到的。可是不好了!我又看见一个客人很坦然地在干干净净的地板上任意吐唾。有了很好的东西,有一种人竟不配享用,不但不会享用,还要公然地给人家毁坏。这种人可说是应该打倒了。(听众一笑。)

我们把刚才所说的这些例子统计起来,所得的这个结果,并不是现在的事情比从前的事情好到多少倍的倍数问题,乃是好与坏之间的正负问题。你们都学过算术代数,加一和减一有什么分别?一个是正一,表明有一个一在这里;一个是负一,表明不但没有一个一,而且还欠着一个一。我这样一说,大家都明白了。从前的社会是黑幕重重,千疮百孔;现在大家都努力求进步。你们想一想,现在驾着飞机飞行在空中,看一看全国的新气象,到处都有新兴的事业,也就是到处都有点点的亮光,好像宜昌这样的清洁一样,从这里就可以看见中国前途的光明了。

在这里大家要特别注意这一点,就是因为中国有了这种进步的成绩,要努力自强,所以才惹起敌人的嫉妒,国难便临到头上了。假若中国人仍是醉生梦死的样子,不肯要好,我相信敌人不会这样积极地来压迫我们的。我这话的意思,你们也许听不懂。我在航空学校里曾拿这话对飞行科的主任说过,他说:"你这话真正一点也不错。"你们或者说现在中国是最坏的时候了,但是我说这是极好的时候。正是因为如此,才弄到国难临头了。(略)你们也都愿意拼命地应付国难吗?你们或者要问,现在到底怎么办呢?我不敢说我完全知道,但我略知一二。(听众欢笑。)我向大家说了之后,不要从左耳朵里进去,随着就从右耳朵里跑出来。你们或者要说,如果能实行的话,我们愿意努力去做。

我现在要先问你们,女中的学生不要回答,因为昨天我问过了。你们是哪一国的人?(答:"我们是中国人。")世界上还有哪几国?(某生回答:"英、法、日、俄、美几个强国,还有其他的弱国。")是的,世界上有很多的国家。哪一国的人最多?(答:"中国。")世界上哪一国的领土最大?(答:"中国。")那么,中国是一个强国还是一个弱国?(多数学生不禁哈哈一笑。)这有什么可笑的,真可怜!(答:"弱国。")中国人口又多,领土又大,为什么是个弱国?(答:"因为许多人都是自私自利,不能团结,好像一盘散沙。")是的,是的!我现在不问旁人,我问一问你们自己自私不自私,你们个人拍拍良心:你自己自私不自私?

自私,实在是中国民族一种最大的劣根性。这种劣根性若是不从根本上铲除了,中国人非当亡国奴不可!在前不多几年的时候,自己还在打自己,自己还在杀自己,现在都觉悟了。

在古时候,"先王以孝治天下",所以有国泰民安的景象。因此有人提倡读《孝经》,利用忠孝的观念去维系人民,去改良国政。我看我们中国人最需要的就是一个"公"字。我们都应当读"公经"。因为中国人没有集体观念,没有国家观念,就是没有认识清楚这一个"公"字。所以凡是一个公共机关的职员都会千方百计地刮油,公家越闹越穷,私人反倒肥起来了。这种行为正是亡国奴。国家还能不灭亡吗?若是不打算救亡那就不用说了,若是肯救亡的话,那么,第一件最要紧的事情,就是先养成大家为公的精神,使全国的风气,都由私转到公,先公而后私。比方一个大公司,大家都喜欢买它的股票,这个公司一定要发财了。一个国家的人民都除掉自私自利的心,一致地为国努力,这个国家一定要富强起来的。

现在我们不要恨我们的敌人,我们应当自己恨自己。你们或者说中国觉悟得并不算快,但是时候到了,自然就会有办法的。提到公,你先问一问你自己是不是公。提到自私,你先问一问你自己是不是自私。在宜昌有没有为水灾募捐的事情?(答:"有"!)你们都捐钱来没有?(答:"捐了钱的。")那么,捐钱少的岂不是聪明学生,捐钱多了,不就是傻小子一个吗?这话好像是很合理的,是不是?(答:"不是。")你们又到别处劝别人捐钱来没有?(答:"去了的。")现在正是我们努力做工的时候,应当多多地做工。你们做来没有?(答:"在宜昌还未施行。")宜昌有没有公共体育场?(答:"没有。")那么,你们各校的学生为什么不肯一齐动手,建筑一个公共体育场?大家合作,这不是件很容易的事情吗?你们仔细地想一想,应当做的事情太多太多了,为什么不大家合作呢?我们常常说,中国有四千多年的文化,但是在这种古老的文化里面,并没有一种很好的出路可走,这有什么用处呢?青年人应当多多地做事情,越多出血汗,多多做工,自己精力也越大,这是个很真切的道理。

我拉拉杂杂地说了半天,总结起来,中国人第一个劣根性是敷衍,现在应当深深地认识我们自己,积极地向前面求进步。第一件事情必须先有为公的精神;第二件事情就是努力死干。你们应当知道知识能力是越用越增加。在北方有句话说"能者多劳",我看不如说是"劳者多能"。因为越是多受劳苦的人,越能有机会增加他的能力。

我明天就要走了,下次回来的时候,我盼望能看见你们自己建筑成功的公共体育场。你们把公共体育场造成之后,就明白建立一个国家是多么艰难了。青年人在别人指导之下能把一件事情做到成功,就可以增加他的自信力。孟子说过,"以齐王,犹反手也"①,我可以说,大家若共同努力,以中国王,犹反手也。我没有什么深妙的道理讲给

---

① 语出《孟子·公孙丑上》。

你们听。救国也不算什么难事。大家都齐心团结,努力向前硬干,这就是出路。只知道压迫着学生读死书的学校,结果不过是造出一群病鬼来,一点用处也没有。你们这个时候应当站在国家的立场上抓住大体。要知道做这些公共的事情就是爱国。你们的家长也许说在学校里不念书,管这些闲事,不是白白耽误功课吗?这种看法是大大的错误了。假若人人都能为公共的事情热心去干,那就好极了。你们正在年青力强的时候,应当善用你们的天才能力为国努力,你们不愿意当亡国奴的人,就应当誓死团结,高高兴兴地努力前进。

(载《南开校友》第 1 卷第 8、9 期)

团结与民族存亡①

(1934年)

一般思深虑远之士,目睹时艰,莫不忧心如捣,以为民族之灭亡,殆不可幸免。因为从任何方面看来,殊少不亡之道。事机的危迫,固然不容否认,但遽然断定偌大的一个民族便将从此澌灭,我们以为这是悲观派消极的论调,没有看清民族积弱所以对外不竞之主因。倘使找出它的主因,而知道不是没有方法可以挽救的,人们自会抛却消极的徒然的悲叹,而积极地向事实方面做去。

那么,这对外不竞的主因是什么?就是不能团结!

《诗经》上说:"兄弟阋于墙,外御其侮。"②平时虽小有意气之争,一旦外侮临头,总可以嫌消忿释,同心抵御。因为不如此,便为敌人所乘而不能以自存,此在稍有常识的人都该知道罢!然而痛心得很,我们竟不御侮,只阋墙。日本人在国联会议席上公然讥笑我们说,中国是一个无组织的国家。现放着许多实例,可以给他拿去作强有力的证据,我们有什么方法可以辩驳!有人说,中国人的不能团结,是几千年专制政治造成的。例如,秦始皇治下的人民偶语者弃市,谁还敢提倡组织,商谈合作。又有人说,中国人家族观念过深,所以大家不肯为国家为民族团结起来,谋公共的幸福。我以为这都不是不能团结的主因。不能团结的主因,只是一个恶魔为祟——就是私。

胡适之先生说:"中国有五大恶魔,穷、乱、愚、弱、私。"私是五大魔

---

① 本文系张伯苓与南开同人的几次谈话,由关键南、陆善忱笔录并整理。
② 语出《小雅·棠棣》。

之首,因为私可以使人穷,使人乱,使人愚,使人弱。私能破坏一切。它能使你忘了民族,忘了国家;它能使你灭掉良心,抛弃人格;它能使你甘心为恶,而可以悍然不顾一切;它能使你只知有个人,不知有团体,所以敌人的炸弹尽自在上海轰炸个不平,长城的抗敌志士尽管叠尸喋血,而逍遥租界和距离战区稍远的人们依然隔岸观火,一般不经意。比及战事刚住手,内争便立刻起来,致使爱我者痛心,而仇我者快意。野心强敌之敢于肆然无忌地既陷东北三省,复占我热河,侵及华北,西窥朔宁,外寇之日深,又何尝不是早看透了我们只顾自私,不能团结么?

中国人之聪明、体力并不见得不如外人,唯其私之一念,牢不可拔,所以演成这种局面。可是私之所以养成,至此牢不可拔之地步的究属何故?分析起来,约有数端:

(甲)个人心理养成的私

一、由于公私之辨不明。有一般人对于公私在道德上之评价,原亦明了,也知道人在社会里应当公而忘私,不过对公私的概念认识不清,明明是损及公众的事,他却视为故常而不经意。譬如在公共集合场所任意妨害别人观听,以及随便动用公物以利私人,都是对于公私的概念认识不清的结果,推究起来都是只知有己,不知有人的心理所演成。

二、视损公利己为小节。更有一等人原也知道公私之辨,也知道私为不道德,但终以为系属小节,无伤大体,以为小有出入,又有何妨。殊不知大恶乃由许多小过积累而成,起初对于小过不加检点,久之习惯养成,便公然作恶而不以为非了。

三、公私之辨虽明但与行为不发生影响。其次是对于公私的概念虽说认识得清楚,但不过认识而已,对于行为上并不发生影响,所以尽管嘴里说得很响,但一考究他的行为,依然充满"私"字,这又是一个原因。

四、只顾自己不管团体。还有一种最坏的心理就是固执成见,不顾公议。有人说,十个英美人开会,虽然会场上意见分歧,会后大家必一致去推行所通过的议案；十个日本人开会,会场上有一强有力者发言,结果大家按他所说的通过了,十个人一齐努力推行；十个中国人开会,会场上有许多的争执,会后各行其是。这很可说明我们中国人的固执成见和不顾公议的心理,差不多成了民族性。

(乙)社会风气不良养成的私

五、缺乏社会制裁。以上所说仅是个人心理上所造成的私。假使社会上有相当的制裁,也可使私消灭于无形,不过秩序紊乱的社会失去了这种制裁的力量,善良分子充其量不过抱着独善其身的主见,做一个自了汉,其下焉者又皆随波逐流地下去,所以别人的行为如何损及公众,只要与我无干,便可拿"休管他人瓦上霜"的态度对待他。个人营私利己的行为既不见得有旁人来干涉,又怎不胆大妄为,公然无忌呢？

六、过去社会无团结的成绩。社会道德之养成,在消极方面需要有一种有力的制裁,在积极方面尤需有一种善良的成绩作为榜样。但事实上真叫我们惭愧得很,打开我们民族的历史,试检查一检查,真找不出一件团结的事实来,所有的只是个人修养,个人找出路,全是个人独善其身的事实。那么生长在现在环境之下的人们,又哪能会有团结的精神！

有以上各种原因,结果遂养成一般人只知为个人找出路的普通心理,而整个的民族遂如散沙一般不能团结。

但我要问,不管整个的民族团结,专找个人的出路,果真找得着出路么？那我可以断然地说：绝对的不能！

这可以拿两件譬喻来说明。

一件是西洋某名家小说所描写的故事：某一个地方正在闹着很凶烈的传染病,一个富翁的家宅,正居这地方的中央,环绕他周围的家都在被传染病蔓延着。富翁为了一家安全起见,并不答应公众的请求联合起来做全区防疫的工作,却在他自己家宅的周围筑起高墙来,以为任他传染病多厉害,高墙总会挡住病菌的传播,而自己便可免除危害。殊不知墙外的民众因为得不到富翁的帮助,无力防疫,结果全区死亡过半，而富翁全家亦终被传染，尽数死亡。

一件是，一只帆船航驶在大洋之中，忽然遇着暴风。船上的人们不去帮着水手下帆稳舵，却先去抢救生圈，得不到救生圈的，便纷纷地争着去攫取船上的木板，好防备船覆之后，可以浮在水上得保暂时不死。暴风之来，原不一定就会把船吹翻，但因为船上的人只顾各图谋生，纷乱争夺，先已把船闹翻，结果葬身海底，无一幸免。

以上两例都是专为自己找出路，而忽视团体的出路，结果团体没有出路，个人出路的机会因之断绝，与团体同归于尽。反过来说，假使富翁当传染病初起，答应民众之请求，协同设法防疫，不但家不会被波及，同时并先已救济了一般民众。在船上的人们当暴风初起的时候，如果群众一心知道保护自己所托命的孤舟，帮同水手，整帆理舵，也许可以抵抗过惊涛骇浪而保全了阖船的生命。此中道理原极明显，但人们卒然遇到了祸患，自私之心便主宰了一切，任你大声呼喊，至于舌敝唇焦，他只是图个人的安全，而置若罔闻。请想一个民族的分子都是这种心理，怎能免于死亡？

所以我们要挽救民族之危亡，只有团结；要团结，只有先去私。

去私之道，在个人方面：一、对于公私的概念先须有明确的认识，以严公私之辨。二、知识与行为要发生影响，既已明白公私之辨，便要身体力行，丝毫不能通融假借。三、遇事应为团体设想，要处处替事业的前途打算，不可存心专为自己。希特勒说，"凡事须把全体利益放在个人利益之前"，这是看清个人与社会关系的结论，不是独裁的宣传口号。在社会方面：四、要养成社会的制裁。须知个人之不道德，会影响到团体。你是团体的一分子，团体的利害与个人自然息息相通，遇到别人因私而危及团体的行为，便须以维护自己福利的态度来制裁它。

倘人人都能照这样做去，在个人养成善良的分子，在团体自具有善良的组织，我想一定会把不能团结的病根拔去。须知生物进化的原则是适者生存。人类也是生物，自然逃不出这优胜劣败的公例。如何能适？怎样才算优？就各个来说，哪个也不优，哪个也不适。不过各个分子合了起来，成为团体，他的生存力便强大起来而成了能适应环境的优胜者,而不致为天演公例所淘汰。所以一个民族要逃出危亡的命运,非有组织,能团结,才能适应环境以谋生存。

不过单是空知团结也是不行的,必须从团结事实上做去。具体地讲,团结的实做,以走教育这一条路为最容易而有效。青年们大概都没有染上社会的恶习,我们现在使青年们彻底了解此中的意义,等到这一般新分子走入社会时,前一代受毒——私——最深的旧分子已经死亡,这样新陈代谢,就可以拔去中华民族的病根。至于如何着手去做,最好从体育方面下手。因为体育方面有两个很好的训练:一个是合作(team work),一个是公平(fair play)。譬如,足球比赛,胜负不能只靠前锋的进攻或门将的守卫,必须赖全体队员的共同努力。这种共同的努力便是合作。再如,田径赛,自以守规则者为上乘,偷巧的比赛者,一定不为人所尊敬,这一点便是公平。如果全国青年都能努力发挥这种合作与公平精神,并且能 transfer(触类旁通)到一切行为上,所谓团结自不成为问题。

还有一点,政治上每有主义之争、派别之争,然而事实上很显然地证明,无论奉行什么主义或哪一个派别,结果不团结,结果必定失败。须知团结是超主义的。我们国家无论采用何种主义或政纲,如不把"私"字排出中华人群以外,以谋整个民族之大团结,却来希望民族有出路,国家不亡,那真是梦想!

中华民族的危机已到了最后的地步,无论从任何立场来看,唯一的救亡策只有团结。如果专为个人找出路,那可以说和"筑墙防疫""毁船求生"一般,算是立下灭亡的铁券了。

(载《南开高中学生》第1卷第4、5期)

结婚四十年自述①

(1935年2月24日)

我本是出身于寒士家庭中的一个子弟,父亲是一个教书的先生。教书的和"穷"字向来不分家,所以同时我的母亲,还要用十指来帮忙她的丈夫,去接收一点外活来做做。我有两个妹妹,一位嫁了马千里,一位嫁了一个姓黄的。一个弟弟,那便是仲述。当然完全是一个旧家庭。

在我十九岁的时候,我就结婚了。也就在那年冬天,我的第一个太太②就死去了。从结婚到续弦,中间不过十八天的工夫。那十八天,就从糊里糊涂中过去。我常想假若我是一个女人,而又是在旧环境中,过了糊里糊涂的十八天,便要一辈子糊里糊涂地守节守了下去,岂不是一件笑话。但我们可以想到这种笑话中的主人,是随时随地不难找到的。

我到二十一岁的阴历正月二十一日,又和现在的太太③结了婚。向来续弦,一定丈夫比妻子要大。但我们却是例外,她却比我大了三岁。她的父亲,和我的父亲的职业是一样的,也是教书的,这正称得起是门当户对。

她到我家的时候,我的弟弟仲述,才不过四岁,她常把他背在身上的。

我的母亲,是一个心地很慈善的老太太,不过喜欢爽快,脾气有点

---

① 本文系张伯苓在其结婚四十周年纪念会上对《益世报》记者的谈话。
② 宜兴埠安氏。
③ 名王淑贞(1873—1961),出身天津世家。与张伯苓育有七子一女。

躁。家里又没有钱。那个环境,确实是不大容易对付。但是她向来没和我说过一句话,关于她的任何困难。家里实在没钱用了,我的母亲有时就拿自己和她的东西去当,她知道家里的贫乏和婆母的苦心,她为安慰老人,假作不知。她向来不看重物质,所以也并不寻找。而母亲等到有钱的时候,便又悄悄地赎出来,给她放在原处。例如这种事,她并不告诉我知道。到了后来家境稍为充裕了,她并不再感觉困难了,才渐渐地当闲话,偶尔和我谈谈。我才知道过去母亲和她都曾经受过许多艰难。

我那时正在北洋水师学堂,常在船上,不能常回家。如果回家的时候,她尽说许多足以使我愁烦的家庭琐事,岂不两个人就减少了快乐,反觉得索然了吗?要是她再哭一场,我真不知将何以自处。但她并不如此,她始终认定了只有夫妇俩的情感要紧,其余都可以不管,所以便一切索兴不说。这算盘打得我以为顶对,顶对!我觉得她最可以称道的,就是她应付旧家庭甚为得体而又不使我知道一点的这一点。

我自己是一个办教育的人,办教育自然也就是教书,教书不能发财,办教育也就不能发财。当我自己开始养家时,我就告诉她,钱不要花过了头,尤其不要使我分心去想家里的钱不够花。所以几十年之内,我家里在极经济的支付状况下,是无时无钱的,说不定,也许是我给的过多了罢?的确,她向来不曾和我提起一个"钱"字。这一点,帮助我很大。假使她不能不向我提钱,而我又时时为家里用钱打算,我也就不会专心于我的教育事业了,特别是在赚钱还不多的时候。钱,这个东西,是没个够的,那要看你怎么用。

她持家当然十分节俭,但对我却很优厚。例如她在这四十年中,就是常为我预备些好吃的食品,孩子们却并不在内。

我对于孩子们,没有工夫去看管他们,都是由她看管大的。她不识字,不能教育,但是常识却十分丰富,而且理解非常清晰。孩子们对于他们的母亲,都是十分敬爱的。

她教育小孩子有三种规定:一、宁肯饭菜做得好些,但绝不许买零嘴吃。二、绝对不许说谎话。三、用钱只要有理由,准给;没理由,准不给。

孩子们都穿布衣服,就是现在他们做了事,这种良好的习惯还存在着。向例老大的衣服,再留给老二穿,老二的衣服留给老三穿。但是后来长成了人,我的三儿子却比二儿子高,四儿子又比三儿子高,这却成了一个有趣的问题。记得有一次老四向他的母亲要求:来件新棉袍罢!我穿完了再给三哥,再给二哥,大哥,倒着穿回去不一样吗?我想起来就要笑。从这里,也可以看出她教子持家之一斑。

孩子们小的时候,当然爱闹,所以当我在家时,他们的母亲怕惊扰了我,便领了他们到别处去。她对于孩子们是不常说的,她觉到总说并不好,那样会减去了孩子们的羞愧心和改过。我对他们偶尔打过,但次数极少,也可以说因为他们有了好母亲,他们就用不着我去管教了。

我的四个儿子,在她的管教之下,如今都成了人。大的又做了教书的先生,二的仍来经商,现在是从政了,四的在中央航校现在也毕了业,总算都有了相当的成就。三的现在是正在养病时间,他生的是肺病,多少名医都治不了,而且几乎认定了命运已无可挽回,而他的母亲却自信母爱一定可以使他起死回生。果然,她那伟大的母爱,就使他日渐壮健起来。这四十年中,她为了四个儿子,真不知费了多少心血!①

她最使我满意的,就是四十年来对我时时事事的安慰。我最近这几年,命运的确不错,但前几年,有许多时候是遭着失败,也不知碰了多少钉子。我每次钉子来的时候,总抱着不说话的态度。在我沉默的期间,她每次是如何地安慰我,劝我!她总爱说:不要紧,什么事情过去就好了!这话的确对,的确有道理。在我每次碰了钉子被她劝解以后,接着便是另一个新的开展,回回都如了她的预料:过去就好了。她

---

① 张伯苓的八个孩子,只有四个儿子长大成人:锡禄(1901—1988),后改名希陆,南开中学毕业,入清华,赴美深造,归国任南开、厦门、西南联大等校教授;锡羊(1907—?),南开大学商学院毕业后从商;锡祚(1908—1976),因病未完成学业,与父母同住;锡祜(1913—1937),杭州笕桥中央航空学校第三期学员,毕业后服役空军第八大队,死于抗日战争。

增加了我的勇气和自信心。

家庭本是一个人工作后回来休息的地方,当然应该有一个愉快的环境才对。如果家庭是一个别扭的家庭,那就一定不能增加他工作的效率。我在家里,四十年来,向来不曾生过一点气,这便是她最大的功绩,我最大的安慰。因为这样,我做事的心,才不被分化,才永远是个整个的。她的确帮助我工作增加不少效率,但她不像一切新式女太太一样,只会安慰丈夫而并不负其他的一切家庭责任。

我对于自己的衣服,向来是不会想的,什么都是她替我预备。现在钱稍微松动了,还好办,从前量入为出的时候,她也都预备得很周全,熨帖。我向来却不曾注意过她的一切事。她又不和新式的太太们意见一样,对于丈夫,并没有你应当伺候我的观念。

四十年来,我们未曾打过一次架,就是偶尔有见解不同的地方,一会儿也就过去了。

就她的常识论,我觉得比读过书的妇女还要高一点。我真幸运有这么一位太太,如果不是这样一个人,恐怕这一生,我什么也做不成了。

四十年里,我每天回到家中,是完全休息着,十分舒服,十分安慰。因为有了她,不知省了我多少事;父母,她替我侍奉了;子女,她替我抚养了。我真应该对她表示十二分的谢意。

我尊敬她,我佩服她,佩服她的算盘打得的确不错!

(载1935年2月24日《益世报》)

对于南开校友的展望

——燃起复兴民族之火

(1935年4月28日)

这次"三六"募款运动,赖诸位校友的共同努力,不但没有失败,结果还能超过原定募款数字三分之一以上,足征诸位校友的热心劝募,社会人士对于南开的爱护与赞助,我们实在觉得很可庆幸。

"三六"的用途,当初议定的总数三分之一,作为南开大学的奖学金;三分之一,作为南开中学的奖学金;其余的三分之一,作为南开校友会的发展及社会教育事业的推广。募款的用途既经规定,此后利用该款的效率如何,就在乎我们支配的方法是否得当。

我对于校友会这宗款项究应如何利用,曾同校友会阎子亨①主席谈过。我们的用款目的,不只求有益于校友自身,应当将范围扩大,还求有利于国家。我国自遭九一八的严重困难,暴露了国家的弱点,民族的颓唐,几乎国将不国。在这国势阽危的时候,凡我国民,均应奋发精神,为民族争生存,尤其是我们知识分子,更应"先天下之忧而忧"。我个人是主张教育救国的。南开学校,永远是随着时代进展的,以后对于学生之如何训练,课程之如何切实,当然更要与时俱进。可是我们南开的校友,也不能为时代之落伍者。诸位校友或在中学毕业,或在大学毕业。在学校的时候,固然都能努力求学,但是出了学校置身社会,因职业与环境的关系,恐怕对于求学的志趣没有像在学校时那样浓厚,所以想引起校友的读书兴趣,比在校的学生困难。好在我们

---

① 阎子亨(1891—1973),南开中学、香港大学毕业,名建筑师。

南开的校友,都有一种所谓南开精神,并且诸位在社会上,也全有相当地位,只要不甘安逸,做起来也很容易。

近来新文化运动,提倡读书,注重充实人民的知识,这确是一个很好办法。孔子与子路论六言六蔽说:"好仁,不好学,其蔽也愚。好智,不好学,其蔽也荡。好信,不好学,其蔽也贼。好直,不好学,其蔽也绞。好勇,不好学,其蔽也乱。好刚,不好学,其蔽也狂。"①可见人生于世,要想成个有知识的完人,非求学不能做到。所以我盼望南开的校友,都能随时求学,日新月异。古时的事理简单,如果读了《书经》,就可博通历史;学了《易经》,就算研究哲学。今世则不然,中外历史浩如烟海,哲学的玄奥,有天演、相对等论。诸位校友或服务于教育界,或任职于海关、邮政、银行……究竟应求某种学问,充实哪样知识,现在据我看,在诸位校友的进程中,应有下列的认识:

一、求怎样做人的知识。诸位校友一方面做事,一方面须不堕落,不颓唐,能够束身自好,在社会上才能有进取的展望。孔子说,"不学诗,无以言","不学礼,无以立"②,所以诸位校友,要多读关于身心修养的书!

二、要有团体组织。诸位校友如果每人能以余暇的工夫十分之一或二十分之一联合起来,成为一整个健全的单位,共同努力于有益团体及国家的事业,一定能有充分的力量与显著的成效。近来多结党营私,我们南开校友要结党营公。

三、求知识的方式。就个人说,每日必看日报。在北方有价值的报章,如《大公报》《北平晨报》《益世报》等,每位至少须订阅一份。关于杂志类,如《独立评论》《国闻周报》,内容都颇丰富。以团体言,应有组织,如演说会,聘请专家演讲;座谈会,彼此讨论问题;及创设小规模图书室,俾校友们便于参考和探讨。

四、努力于有益国家的事业。求知识,不仅限于个人方面,应当扩

---

① 语出《论语·阳货》。
② 语出《论语·季氏》。

而大之。凡对于国家有益的事业,我们校友们就要通力合作,多所贡献。因为我们是知识阶级的领导者,应自负是复兴国家一支最强劲的生力军。本南开的硬干精神,先由天津总会做起,再逐渐推及于全国各分会。固然是"言之非艰,行之维难",如果诸位校友能以"三六"募款那样的热心,不断地努力工作,对于现社会的愚与现社会的穷,一定能有相当的补救。现在就燃烧的煤球做比喻,如将煤球密集一处,则火光熊熊,燃烧力大;若将煤球散放,则光焰微弱,燃烧力小。我盼望诸位校友要将"三六"募款的热力,仍继续着燃烧,并且要与一煤球般的密集,使燃烧力更为强大永久。若只募款三万六千元,那不是我们唯一目的。我们希望"三六"募款燃烧力,蔓延到各处,它的热量散布到全国!我们南开学校,这三十年来,永远是燃烧着。现在各处都起了火光,南开的火光,能否冲天,而烛照万里,就看我们南开今后供给燃物的质量如何!

中国的民族,能否复兴,就在最近这几年内判断。试看东邻的日本,无论工业、武备,没有一样不现代化,真令人佩服!我们中国的民气,消沉,颓唐,这真是朽老民族的特征。我希望我们南开的校友一齐燃烧起来,做事不自私,肯为公,持之以诚,继之以勇,个人成功,社会蒙庥!同时我更希望能将校友楼扩大利用,方不辜负阎子亨主席设计建筑校友楼的一番苦心。

(载《南开校友》第6期)

三个问题①

(1935年5月2日)

这一次本校举行春季运动会,各位先生都很费事地去筹备,像修理运动场,准备奖品,这些事都得照顾到了,这在学校也是一个很要紧的事。那天的天气特别晴和,是近几年来所没有的,精神也特别好,运动员们创造了许多新纪录,职员们都能尽责,来参观的人也秩序井然。这给予我们一个很好的教训,就是如果在场的人,每人都肯尽一点责任,全局一定会好,假使全国能一齐合作呢,则外侮决不能有。在学校之所以能这么容易,就因为那天在场的都是本校的学生,受过相当教育,平日你们先生都告诉你们,要各尽其责,各守其职。每个人都是这样,在那天都运用他所学的,各尽其责,所以就好了。在国家呢,地大人多,思想复杂,就不那么容易了。必得人人认识这个道理,人人肯做事,人人肯负责,这最好咱们领导着国人一同去做。

日本之所以能比中国强,就因为他们的教育普及,国民能合作。我曾同你们说过拉绳的比喻,好些人拉绳不知道向哪一方面拉,知道向一方面,不知道如何向一方面拉。所以我今天希望大家,记着当日运动场里的情形,做一个很深刻的印象,不要忘记!

从前打败拿破仑的威尔逊②将军的 watch word,就是"英国国家,希望她的国民,都能各尽其责,如果人人能够尽责,那力量一定大"。这非教育普及不可,那天因为去的全是南开学生,才能有那样的结果。

---

① 本文系张伯苓在南开学校男女中全体集会上的演讲,由徐兴襄笔录。
② 当作阿瑟·韦尔斯利(Arther Wellesley, 1st Duke of Wellington, 1769—1852)。

第二个问题,就是男女合校的问题。咱们这里大学合校,小学合校,惟有中学分校。今天利用大礼堂,把男女生聚在一起,同堂开会,谈一谈男女问题。这个问题,在北平讨论得很热烈。今天(五月二日)北平《晨报》的社论,也特别著有专文评载。我借着这个机会,来同你们说一说。

女子为国民之母,是不是?人小的时候知识未开,所谓两小无猜。我们看小学五六年级,男生女生渐渐地就不在一起了,为什么?特别是在生理上,一点一点地就分了。这个关口应注意如何才能不把自己堕落,仍旧能往上长。所以有的学校特别讲这个问题,你们这个岁数,我敢同你们这么说,因为我承认我是你们的领导者,我应当指示你们一个正当的运动。近年与当年不同,因为我是男的,所以我常好说男的不好。在我结婚四十年纪念时,我说:"夫妇要是和睦,男的将占六成以上,男人须要时时自重。因为这一辈子很长了,需要做的事很多,不能为现在的欲望,妨害将来的成就。"我们要知道,天下之大勇者才能自己打倒自己。你们现在正是练习自己管理自己的时候,我常说自治,就是治自,凡是能有成就的人,甚至于成就一点小事,都是能自己管理自己的,按肉体说是一回事,按精神说又是一回事,你们必须精神能管住肉体,放肆、浪漫、私心、懒惰,我都不赞成。只有自己能管理自己的人将来才有成就。孔子说过,"吾未见能见其过,而内自讼者也"①,就是说青年人自己不能管束自己。

我再说女生这一方面。常有媒妁介绍婚姻时,问我们这里的女生怎么样,我说,"我们这里好学生不谈这个,坏学生才谈这个呢!"本来好学生竟忙功课了,坏学生成天没事,才讲恋爱呢!如果有男生问你,向你讲恋爱,你先问他:"你有什么成就?没有成就,快躲开!"

上一次我举行结婚四十年之后,有一位老朋友陈衡哲②女士在《独立评论》上发表了一篇文章——《父母之命与自由结婚》。她说她

---

① 语出《论语·公冶长》。
② 陈衡哲(1890—1976),笔名莎菲。现代著名作家,学者。

不赞成父母之命。恰巧某日她来天津,我在大华饭店遇见了她,还有一位丁大夫①,我就向她说:"我并不是很守旧的,你看我自己两个儿子,都没有父母之命呀。"但是现在,论到自由选择,确是很困难,因为机会太少了。在中国现在这种情形之下,最好由父母兄弟,或是朋友给介绍。像陈女士与丁大夫她们都是父母之命,她们要早些时认识我,我一定要帮她们的忙。现在唯一的困难就是如何帮助女子选择。男女结婚,是决不可避免的,既想有正当的结婚就得有正当的办法。丁大夫同陈女士都因为父母之命而不愿意结婚。丁大夫是研究医学的,陈女士同任先生②是在美国留学时认识的。在国内普通大学男女同校,选择还容易一些,在社会社交上,这种机会就少了。

熊秉三③先生续弦的太太为毛女士④。毛女士在十年以前,和她的表兄⑤解除婚约时,请我主持,是时有许多人旁听,女的都抱不平,我就同他们说:现在自由结婚也很险,男女之认识,感情很盛,脑筋很热,于是理解力因而薄弱,初想认识,男女两方面都竭力把各人的短处掩藏起来,感情一盛,眼也花了,心也跳了,这样结合我不信他是对的。无论做什么事情,须有经验,试问订婚结婚谁有多少次经验?现在只有如何叫他明白,叫他能自治。我证婚时常说,结婚是一辈子的事,不是三天两朝,我看他好就结婚,不好,咱俩散了吧!中国现在的经济状况与风俗人情等不许你这样。再说,人生的终身大事,不只就是为娶媳妇,将来的终身大事多着呢!所以我有一个 law,认识长一点再订婚,不要冷手抓热馒头,烫了手怎么办?订婚到结婚愈短愈好,结婚之后夫妇得要和衷共济。像逯明这一次在法律上诚然无罪,但是在道德上他的罪却是很大。现在我若同你们说父母之命,你们一定不愿意。自由结婚——近来的风气——以前又没有,你们的父母是自由结婚

---

① 即丁懋英(1891—1969),上海名医丁甘仁之女。少入严氏女学,得严修之助,赴英学医。为著名产科医生。

② 即陈衡哲的丈夫任鸿隽(1886—1961),字叔永,科学家,教育家。

③ 即熊希龄(1870—1937),民国总理,慈善家,教育家。

④ 即毛彦文(1898—1999),民国名媛,熊希龄第三任妻子。

⑤ 指朱君毅(1892—1963),学者,教育家,统计学家。

吗？你们的祖父母是自由结婚吗？所以现在只有做师长的可以告诉你们，可以给你们讲，自由结婚可以，但绝不是终身大事，大事很多了！国家等着我们救，许多不幸福的同胞也等着我们去扶持。

有的女生常说家里太干涉她们。你们也应当体贴做长者的心理，与社会的舆论。不要忘了，女子还是女子，对于朋友要正大磊落。男女生如果都能如是，则同校与否，自无大分别。有的学校借男女同校以广招徕，他的动机根本不良，自当予以取缔。我很郑重很大胆地同你们说这些话，你们自然觉得是很 serious，那决不至于被批评为妨害风化。

总之，我们要时时记着，要人人尽职，现在做事仅是些热心的领袖们，其余的人，不是反对，就是不闻不问。假使国人都知道公之重要，训练为 like mindedness，则实为国家之福。

关于男女的行为，你们要记着，用自己的精神管理住你们的肉体。自由结婚我不反对，但须有人正当的介绍。

（载《南开高中学生》第 2 期）

认识环境,努力干去[1]

(1935年9月17日)

开学那几天,因为学校的事到南京去,所以没得和大家谈话。今天借这个机会,和新旧学生稍微谈谈现在的情形,看看本学期咱们应当怎样做法。

这一次始业式是许多次始业式的一次,可是环境有了许多的变化。我们先要认识环境,再说怎么样应付环境。不能应付环境,要被淘汰。教育是帮助人应付环境的。既然要认识环境,今天就把个人所认识的所感想的说一说。最近几年,特别是最近几个月,有个很不安全的感觉。我们自以为是一个国,而这个国可是没有门,没有墙,这怎么好!以前我们住在什么环境里呢?以前的环境,四面的墙一齐倒,彼此互相支持住,没有倒下,我们就在这个环境下住了多少年,觉得很安全。大家在底下还要乱打乱闹,你看该死不该死!现在几面墙都塌了,有一面墙要整个地倒下来,自己又没有柱子支着,让它倒又受不了。早也不知干什么去了,抬头睁眼一看,各方面的势力都跑了,只有一个大势力来啦,如冰山之释,这是多么不安全!中国人真有这不安全感觉了吗?不完全都有。我希望我们南开的人,都有这个感觉。以前的事,不能说,也不必说了,在墙下胡闹的机会,再没有啦。以前的事情,人人都应该负责,我也是应该负责的。

有这不安全的感觉,应该怎么样呢?第一,不要像从前说孩子话,什么痛快说什么。回想前几年,小孩子气到万分。学生固然如此,甚

---

[1] 本文系张伯苓在南开大学1935年秋季始业式上所作演讲。

至执政者也这样。现在这种举动万万不要有。快快想法子盖墙,盖门(要是懂得这个话,就是国防)。院子太大,不能都盖,哪怕盖一个角呢,也比不盖好。记住啦,在这个不安全的情形之下,第一,不要随便说话,第二,快快盖自己的墙,挡住那猛扑而来的势力。墙倒下来,大家一同都要死的。以前闹私的感情,闹意见,现在不要这样了。

这几个月以来,我的第二个感想就是以前做的事情,满不彻底。我觉得我自己做的事情,也不彻底。这并不是谦虚。我盼望南开的人,此刻都大彻大悟,万不要因为小小的成功和进步而得意。我常想我们提倡体育,已有三十多年,体育比以前进步得多了。以前,长指甲,走路都走不稳。以前跳高跳四尺多就了不得啦,现在差不多到了六尺了。跑啦,篮球啦,都比以前进步多了。我们在国里觉得自己的进步,到了一开远东运动会,世界运动会一比,就不成了。我们进步,人家进步得更快。你要知道,自己进步是没有用的,有一点不如人,全局输了,自己的一切进步都没用了。所以彻底还要彻底,紧还要紧。自己认为小的进步不算,非彻底不行。说是比从前好得多了,等于白说,试看看别人的进步怎么样。现在情形这么险,我们应当怎么样做?上一次我对中学说话,提出了三个要点,我现在也给你们说。

第一,中国太自私,不能合作。无论什么时候,什么事情,都可以看到自私的现象。我常坐在一旁,自己不说话,听人谈论,很少有人说到为公为国。例如做买卖吧,买卖是大家的,人人都要入股才行,人人都要提款,那岂不是坏了,岂不是糊涂么?又例如一个航海的船,全船要沉了,还有些人只管坐在舱里守着自己的财宝,看得太小太近。我们这些人不有总名称么?分开说罢,你姓这个,他姓那个,你是这省人,他是那省人,你是南开,我是北洋,但是这些人有总名儿,就是中华民国。总的东西要叫他存在,自己才能存在。要想叫他存在,看为他努力的人有多少。想着,真险呀,向公家添煤添油的人太少,揩油的人太多,这如何能好。

年长的人快死了,不要管他们,希望都在青年人身上。我在中学礼堂讲演,看着男女中学学生一千七八百人,真精神,我高兴。我今天看见你们,我也高兴。青年人要顾公,不要净顾自己,从自己起,每天想三回——

我真爱国么?我自己对公家有好处吗?我自己对公家有害处吗?

你自己这样问你自己,你们都这么大的人,也用不着我给你们说什么是好处,什么是坏处。

中国人的自私心比各国人都大。就知道为子孙为家族,可是不知道为国。中山先生说知难行易。做着容易,就是这个知,真难。中国人几时才知道为国,知道无私就是公?我有一个比喻,旧学生听过多次了,新学生还未听过。我到各处学校演讲,用拉绳来比划。绳子一共是六根。一个气力大的人拉一头,那五个人要向一处拉,就拉过来了;五个人分向各处拉,就拉不过来了。这样浅的理,何以不懂呢?懂,为吗不做呢?就是太私。要下修养功夫,练习公。这次在南京给遗族学校讲演,学生都是七八岁的小孩子。我问他们,你是哪一国人?他们说是中国人。有没有没人的国?他们说没有。中国人多不多?他们说多。中国强不强?他们说不强。为什么不强呢?小孩子说,不能团结。小孩子都懂。我痛快极啦。可惜的不是真知,不能做。拉绳懂了,别的事还是不懂。中国的事很简单,只要懂得这个道理,就易如反掌。中国人多,又不傻,地又大,何以不好?由于不能团结,太自私。公由哪里起?由一班、一个学校起下功夫,练习为公。

中国人还有一种特性。小孩大人一样,总不愿别人好。大家在一块谈,谈到别人的坏处,大家精神百倍;说人好处,就不高兴了。好像不愿中国有好人,这就是亡国的根源。我在南京,提议组织一个会,专写匿名信。匿名信本是骂人的,我们以为一骂他,他就可以做点好事,其实,他更不做好事。所以要写捧人的匿名信,叫他今天接一封,明天接一封,日子长了,他高起兴来,尽力做好事。我常听人家说别人坏,大家都来了,再加点东西,这如何能好。我头一句话,总是想为他辩护。孟子说:"纣之不善,不如是之甚也……天下之恶皆归焉。"①中国

---

① 语出《论语·子张》,系子贡的话。

人愿意国家好，可是不愿意有好人，这都是自私，度量不大。现在，我给你们想几句话：

你是中国人吗？是。

你爱中国吗？爱。

你愿意中国好吗？愿意。

那么你就要得愿意中国人全都是好人。

不要太狭隘，彼此要往上长，不要往下长。总是批评人，那是往下长。譬如开一个运动会，有人代表南开跳高，你愿意他折坏腿吗？愿意人好，还是愿意人坏，你们可以拿这个试验自己，试验别人。现在倒霉时候，不愿别人好吗？要改，非改不成。

第二个要点，论个人聪明，中国人比日本人高。这是浮聪明。凡是有打算盘的事，中国人都有小聪明。聪明是生来的好处，不是自己的，努力才是真正自己的。个人聪明，中国人高，可是团体的聪明，就不如日本了。中国人没有至诚，不恳挚。做事没至诚，不恳挚，是不成的。有的先生告诉我说，有些学生很聪明，就是不用功。我说，有这样的学生，你告诉我是谁，我把他找来，我打他。因为他暴殄天物，辜负老天的好意。（听众笑。）

你看人家外国人，都那么诚诚恳恳的，中国人总是那么飘飘摇摇的。我想给中国人加上点重量，中国人要傻不济济地干。中国人一事无成，要傻干。中国人没有分量，一吹就跑了。我给你们每人加上三十磅，各个人都加分量。沉住了气，不要说风凉话。说吗就是吗，要实做。中国人不如人的，不能合作，不能诚诚恳恳地干一下子，知难而退，浅尝则止。应当继续努力，以求贯彻。你不是学过力学吗？力学上一个物体，加上一个力量，力量不断地加在物体上会怎么样？才有加速度，越加越快。假如浅尝则止，就不能有成就。中国人不能咬牙干。要诚，要皮鬈肉厚，脑筋迟钝。不成功，就要死。现在要改造国家社会，非有傻干的人不行。如有人露小聪明，我不爱；假如有傻不济济的，我说这孩子好，结果一定好，将来能为国家做事。中国人好像个个是大少爷，穿得漂亮，说话漂亮，一遇到难处，就担不住了。也不能受冻,不能挨饿,都是大少爷、大小姐。少爷国是站不住的。你们人人都这么嘱咐自己:别看我傻,我干,干出个样子来看。国难到这个地步,你们都是大学生,你们要不成,这个国就没有希望了。所以要恳切、诚挚。

第三个要点,就是努力。要自个儿上弦,要拿住劲儿,不要上着上着又脱辘脱辘地松。又像打气,打着打着,噗!扁了。中国人到时候就拿不住了。长江流域的人清秀有余,而敦厚不足。我以为长江流域的学生,应该到北方来上学,十一二月北风刮得顶厉害的时候,顶着北风走,这样顶下来,才能做大事。谈到努力,我真佩服日本人。中国人为什么不行?中国人皮松肉厚。你们都要咬定牙根,紧张又紧张向前努力。

以上所说的三样,就是公,诚,努力。同学里有这样的人,你们要鼓励他,互相鼓励做这样的人。要恳切,要诚,不要净说笑话松话:瞧这小样儿干吗,有什么用处!南开不要这种说缺德话俏皮话的人。南开要的是傻子,不要聪明的。学厚,学傻,要钝。譬如刀吧,磨得很快的,锋刃太尖,这时候不要用。得把它那个虚尖儿磨去了,再用就行了。锋利的容易挫,傻的长,可以做事。中国人不如西洋人、日本人的,就是傻和诚不够,太轻飘。弦要自己上,自己打气。现在局面这样,不用先生们讲,你们还不懂吗?还用我说吗?你们认识了环境,努力干。

(载《南开校友》第1卷第1期)

我们要振作起来①

(1937年1月3日)

这次去四川,感觉样样都好,真不知说什么好。

简单地说一说此次往返五十多天经过,以后再说将来的希望。

一、经过

我是十一月六日离津,先到上海,在上海参加全国体育协进会,会后去京再去重庆。在京曾召集京地校友举行茶会,是借的周作民②先生的新房舍。到会一百二三十人,校友很多,老教授如薛桂轮③、徐谟④诸先生,老校友如凌冰、凌太太⑤、童冠贤⑥等许多位都到会。谈谈往四川去的目的,大家谈得都很高兴。国事好转,南开同仁大家更要努力。

十六日由京坐飞机飞重庆,我坐飞机的次数多了,倒很舒服。南京至重庆间,天气常不大好,这次由南京到九江,到汉口,天气还很好,在汉口等了十多分钟,听宜昌的报告天气不好,汉口到宜昌,电波就乱了。幸而我早饭没多吃——每次坐飞机都少吃,只吃些牛奶、面包等等的,不知吃得少倒好,不怕颠覆。在宜昌又等,听说重庆的雾大,得等电报才敢飞去。

---

① 本文系张伯苓自四川返津后,在一次校友会上的讲话。
② 周作民(1884—1955),银行家,金城银行创办人。
③ 薛桂轮(1891—?),南开大学矿科主任。
④ 徐谟(1893—1956),法学家,政治家,外交官。曾任南开大学教授,晚年当选联合国国际法院法官。
⑤ 即凌冰的妻子司徒如坤,南开大学教授。
⑥ 童冠贤(1894—1981),名启颜。北京大学教授,中央大学教务长,民国立法院院长。

中航的飞机是美国飞机，天气好才敢飞。飞行的时候，须看着地，到重庆是沿着长江飞，由宜昌到重庆天气好转，重庆的山也看得见了。二点以后到重庆，实在是三点。重庆比京沪的时间差一点钟，因为太阳由东出来，所以东边是三点，西边才是两点。由上海到四川往回拨一点钟，由川去沪加一点钟。

到重庆下机，看见同学们及南渝的代表。事先我曾去电报阻止学生们去迎接，结果没阻止了，于是一同回学校。（略）

我再补说设学的理由——去年华北很乱，我看到四川的前途很远，就选了四川，又选了重庆，遇见胡仲实①，选了沙坪坝。南开以往开发东北费事，近又因政治关系，不能努力；西北太穷，不行；西南的四川前途亦好。有人赞成在成都，可是重庆见长，只电灯进步的速度任何城市也比不上。

南渝地点在沙坪坝，一边是大江，一边是嘉陵江，这块地正在成渝路上——从重庆到成都的一条路上。沙坪坝距城三十里，由城到小龙坎，一拐就是磁器口，其中二十八九里是成渝路，三里多是巴县公路，南渝中学便是在巴县公路的旁边，有汽车可到，交通便利。

南渝中学现有地四百余亩，将来还想买。那儿的学生，据先生们说，比南开学生好，四川人都聪明，活泼，擅口才。可是有两种缺点，一是身体软弱，一是不沉着，不过经过训练之后，将来是很有希望的。

我看见那里的房、地、学生都那样好，教职员又那样努力，我真痛快。第一天睡觉很少，躺在那儿计划着怎样发展，怎样捐款。第二天早上六点，他们就起来了，起身后早操，教职员等都在一起，精神很好。到那儿的前三四天皆在校中，与教职员、学生们聚会。

沙坪坝距城很远，理想中可自成一村。南渝教职员的家眷初到时都觉得闷，现在都好了。我去的时候，给他们带话匣子去，又买的新片子，又向华西公司借了一架收音机，因为那里是用的直流电，所以只借了一个适用的，虽然声音小一点，不过收听南京的播音，也听得清楚。

---

① 胡仲实(1895—?)，名光杰。华西兴业公司创始人之一。

我想每星期六有个会,或是同乐会,能演电影更好,慢慢地把那块地方造成新村。要想造新中国,应该在新的地方造起,这块地便可以造。今年那里有二百余学生,明年可有六百余人,后年可千人,到了第四年,可以有一千三百余人。男女学生既多,同人亦多。到那时,新村的生活,就可以实现。

前四五天,始终没出去,后来就出去到城里,由胡仲实校友陪着我,拜访各机关领袖。在回京时曾烦吴达诠①部长,向四川行政长官刘湘②及四川各银行、商会等去电介绍,后来大家相见后,都请吃饭,稍稍应酬,然后去成都。

这次去川,我打算捐款。四川与我有缘。四川这地方很有希望,川边亦可以发展。四川与云、贵、陕、甘接连,对于中国发展很有关系。上次由川回来,筹得十五万余元筹备南渝,现在都用完了。这次,我还打算捐十五万元,不过是想在四川当地捐。

捐法是,上次行政长官蒋院长③捐五万元,此次打算请四川的行政长官刘主席④也捐五万,商界捐五万,个人捐五万,同时组织董事会。这回川人看见南渝中学从建筑至开学,时期很短用钱很省,这种快、能,予他们以很好的印象,又是给他们本地办学,大家很愿帮忙,且极信我。

成都去了八天,拜见刘主席。时刘卧病,扶病谈话。刘人很好,头脑很清楚,信我们为教育而办学,无须别的意思,于是就答应帮忙。去的时候,由秘书长陪着看的,刘主席告诉秘书长跟各厅长商量着办,幸而那时胡仲实因为华西开董事会,也飞了去。那时财政厅长刘航琛⑤在汉口,民政厅稽厅长⑥,及建设厅长卢作孚⑦,都没有办法,教育厅也

---

① 即吴鼎昌(1884—1950),银行家,实业家,报人,政客。
② 刘湘(1888—1938),字甫澄。四川军阀。
③ 指蒋介石。
④ 即刘湘。
⑤ 刘航琛(1896—1975),实业家,四川省财政厅长,国民政府经济部长。
⑥ 名稽祖佑。
⑦ 卢作孚(1893—1952),实业家,教育家,民生公司创始人,航运业先驱。

没有款。当时胡仲实给大家建议,给刘航琛去信,请他筹款。原来刘有学生在南渝读书,刘本人亦见过喻先生,对南渝甚为佩服。于是由财厅秘书、校友何九渊①写了封信去,果然刘回信照办。

蒋教育厅长亦愿帮忙。他期望重庆有女子高中,请南渝代办,经常费按省立学校标准发给,不过建筑费不管,明年起委托南渝办女中。重庆女师原有两班,初二、高二,明年就是初三、高三,临时再招高一、二,初一、二,可成六班,约可二百多人,这是政府委托的。而南渝本身再招初一、高一五班,再合以旧有学生六班,明年男女学生将有十七组,比现在要加三倍,当然现有的建筑不够,不算买地,只算建筑费约计:

(略)

总共只建筑费需要二十万元左右,现在实有的是政府的五万元,其余大概亦有把握。

其余的简单地报告些。

由成都返回重庆,提议组织董事会,董事共设九位,南京二位,张群②、吴达诠;成都二位,卢作孚、刘航琛;重庆五位,银行公会主席吴受彤③、美丰银行行长康心如④、华西实业公司胡仲实及胡子昂⑤、建设厅长卢作孚、公安局长何北衡⑥,还有财厅秘书何九渊是校友,就请他当董事会秘书,我不在重庆时,就请他替我跑跑。

开会时候,在京的二位自然不能到,成都卢作孚适在重庆,就在南渝中学开了一次会,领着全体看一看地、房子。

开会的时候,我告诉大家,这回想要捐款建筑校舍,于是把房图及

---

① 何九渊(?—1939),川盐银行代理董事长。1939年底遇刺身亡。
② 张群(1889—1990),字岳军。国民党元老。
③ 吴受彤(1888—1937),川盐银行首任董事长,重庆银行公会主席。
④ 康心如(1890—1969),名宝恕,以字行。银行家,四川美丰银行总经理。
⑤ 胡子昂(1897—1991),名鹤如,以字行。民主建国会创始人之一。与胡仲实、胡叔潜同创华西公司。
⑥ 何北衡(1896—1972),实业家,与卢作孚共创民生公司。两度出任四川省建设厅长,似未做过公安局长。

计划,拿出来给他们看,并且说明数目(十五万)还不够,没想到大家都无难色。同时有二位表示:

一位是康心如先生。他说他有个哥哥,留学日本,回国后在北大教文学,存的书籍很多,现时已故去了,为纪念他的哥哥,打算把书捐了,并捐十万元建一图书馆,总想不出把这事交给谁。去年我头一次到四川去,借住在他那儿,他很招待;今年我去,又约他做南渝的董事,这次他打算把这事委托南渝代办,同时在南渝用三万五千元建图书馆,在重庆城里办一个图书馆,捐书,捐经常费。

一位是吴受彤先生,道德很好,幼时没入过学校。他向胡仲实表示,他有四个子女,二男二女,每人留给他们三万,自己经营商事,死后,愿将全部财产捐助南渝;现答应捐一万五千元,并允再募一万五。教员宿舍旁有一块地是他们行里一个行员的,南渝想买过来,费了多少事,不成,跟他一提,他答应了,或者就许捐给我们。他说临死都捐了,大概有三四十万!

运动场是由胡仲实给杨子惠①先生去信,请他拿三万元。

社会方面,如银行公会等,及个人的捐款,据说很有希望。所想的十五万的数目,或者可以超过了。

再说经常费,南渝除了蒋委员长捐五万元外,教育部今年拨给两万元,我打算明年请教部拨助四万,后年六万。

四川的校友,在重庆的有四十八位,在成都的有五十多位。重庆校友多服务华西实业公司,都是曾在国外及国内学专门的,将来的发展很大。重庆现在的灯、水都是归华西办,今年他们又添办了水厂,成绩很好。他们什么事都办,川大的工程是他们包的,这次又应了成渝铁路的石工、土工的工程,约一千几百万。(略)

四川的前途很大,现时政治稳定,校友们愿意去,可以去看一看。那里校友精神很好,前途很好。

这是到南渝及四川的经过情形。

---

① 即杨森(1884—1977),川军著名将领。

二、将来的希望

四川的建设刚兴起,用人的地方正多,于是我想起学生的出路。胡仲实跟我曾谈,如果成渝铁路起修,用工人很多,就用高中毕业生去练监工,回来再升学,专录用寒士,我想也是一个办法。(略)

我们南开工厂造人才,本地销路少,别处多销也好。我们的货跟别的货一样,论到学术、技术都差不多;论负责,则胜过别人。能如此,工厂造人才,在社会有用,前途就很大了。(略)

总之,想发展实业,告诉给学生,到四川到西康去。以先我们想向东北、西北去发展,都碰壁了。西南将来可以达到目的,这也是我个人的野心。校友们在四川下子很紧要,华西公司所有专门人才都需要。他们把重庆的水和电改良后,重庆人对他们很有信仰。去年计划组织洋灰厂,不久就可出灰。成渝铁路修成后发达更大。他们并且举我做董事,我已答应他们,为的是销销大学、中学的货。

南渝一长不要紧,南开到西南去有了根据地。

我在南渝住着很高兴,天天在院子里转。那儿的花匠跑到山里去拾花种子,把地分成畦,把南开的菊花单放一畦,插上签子叫南开菊。任叔永到那去看见说:"南开菊都到南渝了!"在那里住的日子虽不多,可是我胸宽肚小了,皮带都进去一个眼,很想多住。周围净是山,远的山很高,近的丘陵起伏,本院里又平,非常之好。

正在痛快极了的时候,就不痛快了。十三日的早上,薛桂轮、孙瑚、胡光庶三人跑到我那里告诉我蒋先生被扣的消息。原来那天重庆校友足、篮球队跟南渝学生队比赛,我给他们预备的饭,买了一块钱四川特产的花生,一块钱小红橘——一块钱买一百七十个。他们三位一来,我脑子里的空中楼阁全散,我跟他们讨论这事的结果,结论是必得用兵。后来接到孔祥熙先生的电报,叫我径赴西安到京,于是我准备赴京。

十七日乘机起飞,天气不好,又多住了一天,十八日到京。还是那样少吃东西,在飞机上看见山上下雨下雪。飞机顺着大江飞,过三峡,如同走在小胡同内,两边是山,下边的江似道水沟。有意思。这次我可得着一点新经验。飞机大的可坐十四人,地位最好在前右方,因为左前边有一个通司机室的门,司机人出来进去很不方便,也不得看下边,前右方第一位,飞机的翅膀在后,颤动不很大,坐在那看着下雨下雪,联想到行雨、驾云。过汉口就有些饿了,越急越不到,人真是不知足,世界上最快的还嫌慢。

到京见孔副院长,问一问我怎样到西安,代表谁,说何条件,他也没有具体办法,于是等一等吧。那天正是蒋鼎文①回来。二十四日孔先生请我吃饭。他们很不着急,谈起来他们很乐观。后来我告诉他打算先回津,如用我马上就来。

二十五日搭车返津,二十六日到济南,才看见报说蒋先生脱险返洛阳,心上一块石头落了地。(略)

我常对四川南开校友说:"我这老头子在前头跑,青年人在后赶,你们怎么样?"大家说:"努力努力。"都还不错。我们不只要聪明,能干,还要做事努力,信实,能断续着去做,推动国家,兼做个人事业。校友会派人各处跑一跑,南开学生断了联续的气,把他再联上,所谓打打气,叫他们振作起来。借着国家气势好转的时候,学校的事,跟国家的事差不多。(略)现在社会,好像认识了正义、好和坏。南开力量小,可是方向对,我们继续还去做,借着机会,推行我们的为公、正明、诚实、远大的主张!

十三日惊醒我的梦,二十六(日)以后我又造了许多空中楼阁。

我们以前所顾虑的,现在都不必顾虑了,凡事很可乐观。不要落后,做吧,把脑子换换,换去老的,装上新的。现在可以算南开的新纪元,放开手做,大做,一定成功。(略)

总之,自己的本钱,不会利用,开小买卖就错了。我们要想新的路,新的法子,新的计划,用新的精神,往前猛进。

(载《南开校友》第 2 卷第 5 期)

---

① 蒋鼎文(1895—1974),国民党高级将领。

南开的精神愈益奋励[1]

(1937年7月30日)

敌人此次轰炸南开,被毁者为南开之物质,而南开之精神,将因此挫折而愈益奋励。故本人对于此次南开物质上所遭受之损失,绝不挂怀,更当本创校一贯精神,而重为南开树立一新生命。本人惟有凭此种精神,绝不稍馁,深信于短期内,不难建立一新的规模。现已在京成立南开办事处,对于下期开校一切事宜,正赶事筹划中。

(载1937年7月31日南京《中央日报》)

---

[1] 1937年7月29—30日,日寇连续轰炸南开大学、中学和小学。本文系张伯苓在南京接受《中央日报》记者采访时发表的谈话。

在武汉南开校友公宴会上的演词

(1937年9月26日)

南开中大学被日机轰炸时,余适未在校内。因庐山会议后,余过南京稍留,当时本欲行返津,以在京朋友之挽留,并劝告本人谓:日本人对南开及余个人均甚不高兴——其实吾人能得日本人之嫉视,已自足荣兴;友人更谓:至必要时,日本必将予南开以破坏,并将予本人以不利,余遂即暂留南京。

七月二十九日,余得到报告,谓南开被炸。时余并不惊讶,因此事已在意料之中。教育是立在精神上的,而不是立在物质上的。当晚中央社记者访余时,余已向彼等言之。当时轰炸南开学校时,幸未伤人,而在事前,校内仪器图书亦多已迁出。本人以为建立一个大学,精神难而物质易。南开已经四十年来之经营,当去年政府计划接办时,估计全部校产已达二百七十万元之巨,在私立大学中似已可观。如今牺牲掉,本人并不过分爱惜,因南开精神已散布于全国,愈毁坏,愈有更新发展之可能。

当日余接到被炸消息不久,教育部长王世杰①曾到旅馆来慰问,并表示政府必尽力帮助恢复南开。余当时答称,在此抗战期间,余绝不愿使政府分心。后蒋委员长亦向余有同样表示,亦如此答复。现时南开中学已在南渝重新建立成功。本人于前年已料到北方必要发生问题,当即开始向各方奔走募款,不久即募得三十余万元。进行能如此容易,实因南开之奋进创造精神已布满全国。

---

① 王世杰(1891—1981),法学家,武汉大学首任校长,历任民国教育、宣传、外交部长。

至于今后南开大学之恢复，若在平时，当然不成问题，但现时正在抗战期间，恢复工作须告待后日续谈。现时政府已在长沙设立临时大学，此校将容纳清华大学、北京大学、南开大学及中央大学研究院四校学生。现时该处所有之房屋及用品均已备妥，一切亦均有办法。余此次赴长沙，即为办理校中各事。本校已决定将电工一部与湖南大学合作，化工一部与重庆大学合作，至于理、文、商三科，则设于长沙。

南渝中学方面，只有原来南开中学生数十人，现已开学，学生均甚好，至于其他一切，均较在天津时更有进步。因南渝方面一切都是有计划的。今年十月十七日本校纪念日，当扩大举行纪念，表示北方南开学校被毁，而南方之南开又展开其更伟大之生命。

论吾人对今日抗战之态度及认识一问题时，吾人应先理解今日之中国已为新中国，吾人已变成新中国人。以前吾人均有三大病：一为怕，二为退，三为难。即遇事来即怕，怕而退，退即觉所有各事都难，结果什么事都办不成。自从抗战爆发以后，可以证明国家是变了。第一因不怕日本凶，再即不因日本之用强力压迫而退却，三不顾一切艰难，向前迈进。

中国此种情形，较之昔日非改变而何。即吾人亦如之。中国现时之抗战，实占有绝对有利之条件，经济、政治、外交三方面，均有利于我，而无利于日本。中国只要打，一切都有办法。无论如何想，中国都不会亡国。中国历年来进步不易，其原因是中国是大国，故要亡中国，因其大，故亦不易亡之。余希望大家自己应了解已变为一新国民。但希望注意不要使身体成新的，而留下一副旧成分或剩下一条尾巴在身上。中国之领袖的进步，实一日千里，余已自己感觉追逐不上，希望全体同学当努力力追云。

（载 1937 年 9 月 27 日武汉《大公报》）

致全国南开校友电

(1937年10月15日)

汉口《大公报》鉴：

南开被毁，精神未死，本月十七日为南开中学三十三周年，南大十八周年，南开女中十五周年，南开小学七周年，及南渝中学一周年纪念，均在重庆南渝中学，盛大举行。南渝本年有学生七百余人，新建校舍有女生楼、科学馆及宿舍等，前途发展，甚有希望。教育报国，苓之夙志。此身未死，此志未泯。敌人所能毁者，南开之物质；敌人所未能毁者，南开之精神。兹当南开学校周年纪念之日，极望全国南开校友本南开苦干之精神，为国家民族努力。现敌焰仍炽，国难严重，我全国民众，均应有前方将士壮烈牺牲之精神，一致奋起，共同抗敌。矧正义人道，自在人心；国际情势，已呈好转，苟我能真诚团结，继续奋斗，任何牺牲，在所不惜，则最后胜利，必属我国。中国之自由平等，必可得到。津校复兴，深信亦必能于最短期间内实现也。苓新自湘归，精神甚兴奋，极欲借贵报之力，将此意传达全国校友。不胜拜祷。张伯苓。

(载1937年10月17日武汉《大公报》)

苦干,硬干,努力不息①

(1937年12月24日)

诸位校友踊跃参加大会,实在值得庆幸!这种肯干求长进的精神是很好的。一个国家或一团体,因为它是正在那里向上长进,敌人才想把它毁掉。但是事实则不然,它愈是想方设法去毁,而我们愈往上长进,如同以斧伐树枝,愈伐而后愈长得茂盛,也就是这个道理。南开学校是这样,校友事业更是这样,它愈想毁灭我们,我们愈向上长进。在两年前,在此地若召集校友会,到会的至多也不过二十多人,而现在竟至如此之多。这固然一方面是由于时间的关系,但是另一方面也是向上长进的表现。我们学校现在希望大家也要本这种精神向前干。我们终归要逢凶化吉的,虽然敌人是步步进逼,但是我们不要怕,更不要颓唐,精神要贯注。小小的失败算什么!试问一个人若是老在那想成为琉球人,那不早就完了!我们仍然是要干!最后希望大家要本着南开精神,一致往前努力!

(载《南开校友》第3卷第3期)

---

① 本文系张伯苓在南开校友总会第一次临时大会上的讲话,由张廷骧笔录。题目为编者所拟。

在武汉南开校友欢迎会上的讲话①

(1938年5月13日)

自敌人炮火开始摧毁南开学校,余愈觉精神振奋,不敢自认老大,不敢病,尤不敢死。今年六十三岁,信能自视如四十三岁,决继续为教育事业奋斗。现除重庆南渝中学外,尚拟在自流井创办一校,暑假后亦可开学。

敌寇志在亡我民族,吞我国土,全国应一致努力抗敌救亡工作。在领袖指导之下,共同奋斗,各尽国民天职,报效国家。

(载《南开校友》第3卷第9期)

---

① 欢迎会在汉口金城银行二楼举行,会上致辞的还有周恩来。

武汉归来[①]

(1938年5月20日)

诸位校友！又有许多日子没有和诸位见面了。因为上个月到自流井去，最近又到汉口去，所以校友们的聚餐会，延期两次，今天才得开会。最近到汉口去，完全因为南渝补助费的关系。南渝第一期的建筑费同购地费一共是五十万元，第一个帮忙捐款的就是蒋先生，首先捐款五万元。最近完成之第二期建筑费，一共二十四万元，捐款收到的只有十一万元，不足十三万元，所以一时学校的经济，感到十分的困苦。

遇到了这样的困苦，怎么办呢？我一点也不怕。我常常说，南开南渝的孩子们，都是有福气的。比如说贫穷家的小孩子，他没有衣服穿了，家长没有钱给他做衣服，只得替他到布店里去赊布，把布赊来，先做上衣服，布钱家长以后再想办法清理。这个小孩子可以说是很有福气了。历来南开南渝的学生，就和这个小孩子一样的有福气。负责任去赊布的是我，别人都还信任我。（略）

我对于中国最近的一句谚语，认为非常有理，哪句话呢？那就是尽人事听天命。一切的事情，尽了人事，就不必管了，天命叫它成功，必能成功。这次募款，就是尽了人事，而天意又帮助成功的。（略）

这次在汉口，校友开了一次会，非常热闹，整整到了一百单八将。他们选了几个人讲话。第一位代表教职员校友们说话的，是徐谟先

[①] 本文系张伯苓在南开校友总会第四次聚餐会上的讲话，由严仁颖笔录。

生;第二位是代表学生校友说话的,是周恩来①先生;第三位是女校友刘清扬②女士。最后,空军校友刘宗武③君,也赶来与会。

周校友恩来,从前在某一个时期里,他的性命很值钱。政府曾经悬赏过,凡有人能拿到他的头颅的,要给赏几十万块钱。这次我到汉口去募款,有些校友说笑话:"校长可以领着周恩来到蒋先生那里,要几十万块钱,这不是很好募款的方法吗?"这是一个笑话,不过关于募款的事,我也已请他帮忙了。

刘宗武也讲演了一段南开校友在空战中的损失,大家都非常动容。刘宗武很好,在最近武汉两次大空战里,他打下了很多架敌机。那天散会的时候,校友们纷纷请他签名,以作纪念。

今天,拉杂地讲了许多,下次再谈。

(载《南开校友》第 3 卷第 9 期)

---

① 周恩来追忆在校时所受南开精神的教育,谓"南开除严格之训练与优良之校风外,有二点至可注意,一为抗日御侮之精神,一为注意科学训练"。

② 刘清扬(1894—1977),女,回族。中共早期党员,周恩来的入党介绍人。曾任全国政协常委、妇联副主席等职。

③ 刘宗武,张伯苓四子张锡祜南开中学、中央航校校友。中国空军副大队长,1938 年武汉空战英雄。

演剧与做人①

(1938年6月4日)

今天是本校怒潮剧社第二次公演。这种剧社组织我很赞成。因为到学校来念书,不单是要从书本上得学问,并且还要有课外的活动,从这里面得来的知识学问,比书本上好得多,所以一个人念书要念活的,不要念死的书。

南开剧团有三十多年的历史,从这组织里面造就出不少的人才,现在社会上名人如周恩来、时子周②、张彭春、万家宝③等等,当年都是新剧团的中坚分子。

从戏剧里面可以得做人的经验。会演戏的人将来在社会上必能做事,戏剧中有小丑、小生、老生等等,如果在戏剧中能扮什么像什么,将来在社会上也必能应付各环境。我不反对这种组织,因为在社会上做事正如演戏一般。

这次怒潮剧社是由严仁颖④、华静珊⑤两位先生帮助不少,社员们

---

① 本文系张伯苓在重庆南开中学怒潮剧社第二次公演时的讲话,由李若兰追记。
② 时子周(1879—1969),又名时作新,经名哈立德,回族。严氏家塾时期即与张伯苓共事,后任南开中学教务主任,积极参与五四运动。三十年代加入国民党,为中央委员。有《古兰经国语译解》。
③ 即曹禺(1910—1996)。
④ 严仁颖(1913—1953),严修之孙。南开话剧、体育活动的中坚,《大公报》记者、副经理。
⑤ 华静珊,南开财政总管华午晴(1879—1939)的妹妹,人称华三姑。南开话剧活动骨干。

也都非常努力。第一次公演成绩,在国语一方面不大好。我想这次的成绩一定比上次要有进步。

(载《怒潮季刊》周年纪念特辑)

致黄钰生

(1938年7月27日)

子坚贤弟如握：

在汉接长函，本拟即时裁答，嗣因会事忙碌，天气炎热未能实行。回渝后，又接七月廿一日函，兹将所询事件简略答之。明日赴蓉，彼处天气凉爽，稍息后再详函商各项，通讯处为成都南沟头巷二十三号新华公司。苓偕内子在彼处拟住二三星期，因重庆天气近日异常炎热，苓时觉头晕，故迁地以避之。但汉口要人近又逐渐来此，苓又不能不少尽地主之谊，是以数日后仍须来渝也。南渝中学发达甚速，自流井之中学亦在进行建筑、招生，筹备下学期开学事宜。传鉴①弟精神焕发，计划周详，伊今年五十岁矣，视之不过三十岁人，身体强健，可比苓之右臂，中学部传鉴负全责可无虑也。南大与北大、清华合作，我弟代表愚兄与彼等周旋，且由各方得来报告，皆称我弟在联大为最能干之职员，苓闻之甚慰，实南大之光荣也②。弟对于南开之贡献，不为小矣！

前在汉晤章司长详谈款项事，补助私立学校款已发去，维持费不日可发，望转汇渝。邱③、姜④暑后须加入联大，文侯⑤缓商，宗岱⑥亦

---

① 即喻传鉴(1888—1966)，南开中学第一届学生，南开中学教务长，重庆南开中学校长。张伯苓的左膀右臂。
② 黄钰生时任西南联大师范学院院长，代表张伯苓参与联大管理。
③ 即邱宗岳(1890—1975)，名崇彦，以字行。著名化学家，南开大学化学系创建人，理学院奠基者之一。
④ 即姜立夫(1890—1978)，名蒋佐，以字行。著名数学家，南开大学数学系创建人，与邱宗岳、饶毓泰(1891—1968，物理学家，南开大学物理系创建人)组建理学院。
⑤ 即蔡维藩(1898—1971)，著名西洋史专家，南开大学历史系教授。
⑥ 即梁宗岱(1903—1983)，著名诗人，学者，翻译家。

从缓。总之我校不欲揩油,故当慎重。书店欠款可照付。荷兰领事亦有函致苓。毕业生已由传鉴弟酌用矣。余容再续。顺颂

暑安

兄　苓上
七月廿七日

尊夫人
诸同事　均乞致意,不另

（据南开大学档案馆藏张伯苓信草）

嘉陵江畔话南开①

(1938年7月)

中华民族决不会亡,最后的胜利是我们的。

中国几百年来,不能说没有人才。但所有的人才,都是居于下位,不能充分发挥他们的才能。现在好了,这也是中国的国运,我们有好的人才,他就能居于领导的地位,只要我们全民族信仰他,再献出我们的汗和血,去供他自由调遣与使用。敌人的炮火虽厉害,终是烤干不了我们的鲜红的血的。我们还有什么值得悲观的呢?我们有广大的土地,我们有众多的人民,只要力量能集中,精力不浪费,我们一定(胜利)……

可是,话又得说回来哪,日本也并非弱敌。中华民族要渡过这千钧一发的难关,也得花上相当的代价。我们现在固然已受到相当痛苦了,但我们要想着未来的更大的痛苦。我们要以安闲的心情,去接受去渡过这更苦难的日子。现在我们没有后悔,我们只有打下去,在战争中去创造新民族,去建设新国家。我们应当感谢日本,他给我们全民族指示了应走的道路。那就是日本以为对的,我们认为是不对的;日本认为不对的,我们认为是对的。

我既然不想做官,我自然不会偏袒于某一方面。我只知道国家民族的利益。在民族利益第一的前提下,我既然负了这责任,当然有义务促进各党派更进一步之合作。不久我就要到汉口去了,也许就葬此身于敌人的炮弹片中。但,既然是中华民国的国民,政府又用到自己,

---

① 本文系张伯苓在重庆南开中学欢送毕业同学会上的讲话,由贤铭笔录。

当然应舍此身以报国。我老了,我还等待什么?我只求报国机会的到来。

  你们都是南开的学生,你们都应爱护南开的精神!南开学校的创办人严范孙先生,他的伟大的人格与高远的见解,处处值得南开的人警醒!当清朝末年政治腐败到极点的时候,严先生鉴到袁世凯是人才,但是清朝政府不能用。当袁氏解职归田的时候,所有的朋友都怕得罪清廷,不敢去送他,独严先生置个人私事于不顾,单个儿去送行。后袁氏上台了,找严先生任这样部长,那样部长,三番五次地催请,三番五次都拒绝了。严先生意思,他去送袁氏,只是爱惜真才,并无半点儿为自己留地步的打算。我得着严先生这一点启示,毕生奉行不倦。硬干去,死干去,终能为中华民族造出了一些人才,终能使日本人知道中华民族尚有些青年是不可侮的,是值得他们注意的。侥幸得很,南开学校的创办人是严范孙先生。你们是南开学生,你们得体会着南开精神努力干去。抗战的最后胜利是我们的。中华民族的建国事业是你们的。你们努力干吧!

(载《南开校友》第 3 卷第 9 期)

在重庆南开中学纪念俄国十月革命二十二周年大会上的训词

(1939年11月8日)

余被邀往苏联大使馆参加庆祝酒会,遂起无限感慨。盖余在场中魁梧推第一,而吾国地广人众立国且已二十八年,但一切尚难言有何成就可与人较量。此非国人能力不如,实不为而已。自私,贪婪,懒惰,使我民族长久停滞不进。抗战虽发挥吾人潜在能力,然则战后如无外力驱策,是否因此停顿,甚或倒退,抑是加速迈往,仍极成问题。盼吾南开学生均知秉公能之训,进发前进,以创造新中国。中山先生教学生立志做大事,然余认为不必人人做大事,但须做善事而使之精良耳。

(摘自燕诒《记重庆南开中学的集会》,载《南开校友通讯》复刊第7期)

致蒋梦麟、梅贻琦①

（1942年）

梦麟
月涵 先生台鉴：

敬启者，苓年来宿疾时发，又加参政会驻会委员会不时开会，未能赴昆协助校务，不胜歉仄，诸蒙偏劳，心感心感！太平洋战争爆发，暴日徒自速其败云。我与同盟国之最后胜利为期当不在远，而我抗战停止之日，亦即我三校复校之时。展望将来，弥感兴奋。关于敝校复校事，拟先做人事上之准备。现时敝校教授人数，在西南联大占全数不及十五分之一，较之敝校战前相去悬殊。将来复校，必感才荒。前此因无急需，敝校遂未多聘新人，兹为复校计，不得不有所增聘，以为复校之准备。先生最护敝校，素所铭感，且我三校本以往一贯合作之精神，及将来互相协助之友谊，区区之意，定荷赞助。除详情请杨石先②、黄子坚、陈序经③三教授面商外，特此函达，至祈鼎力玉成，不胜感祷。专此。顺颂

教安

张伯苓

（据南开大学档案馆藏张伯苓信草）

---

① 本文系张伯苓于1942年2月17日在重庆南开中学召开南开大学复兴筹备会议第一次会议后，寄给西南联大蒋梦麟、梅贻琦两常委的信。梅贻琦(1889—1962)，字月涵，清华大学校长。

② 杨石先(1897—1985)，蒙古族。著名化学家，历任南开大学教授、理学院院长、校长等职。

③ 陈序经(1903—1967)，著名历史学家、社会学家，曾执教岭南、南开、西南联大，历任岭南、中山、暨南、南开大学校长、副校长。

四十年南开学校之回顾

(1944年10月17日)

绪　言

本年十月十七日,为南开学校四十周年纪念日。校友及同人佥以胜利在望,复校有期,值此负有悠久光荣历史之纪念日,允宜特辑专刊,一以载过去艰难缔造之经过,一以示扩大庆祝之热忱,属苓为文纪念,爰撰斯篇,以寄所怀。

南开学校成立于逊清光绪三十年(公元一九〇四年),迄今已四十年矣。此四十年中,苓主持校务,擘划经营,始终未懈,以故校舍日益扩展,设备日益充实,学生日益众多,而毕业校友亦各能展其所长,为国服务。凡我同人同学,值此校庆佳节,衷心定多快慰。而对于四十年来,为学校服务之同人,爱护学校之校友,与夫赞助学校之政府长官及社会各方人士,尤应致其莫大之谢忱。盖私人经营之学校,其经济毫无来源,其事业毫无凭借,非得教育同志之负责合作,在校或出校校友之热烈爱护,与夫政府及社会各方之赞助与扶持,决不能奠定基础而日渐滋长也。南开学校四十年之发展,岂偶然哉!

兹当南开四十周年校庆佳日,吾人回顾已往之奋斗陈迹,展望未来之复校工作,既感社会之厚我,倍觉职责之重大。爰将南开创校动机,办学目的,及工作发展经过,作一总检讨,分述于下。

一、创校动机

南开学校之创办人,为严范孙先生。先生名修,字范孙,为清名翰林。为人持己清廉,守正不阿。戊戌政变前,任贵州学政,首以奏请废科举,开经济特科,有声于时。政变后,致仕家居。目击当时国势阽危,外侮日急,辄以为中国欲图自强,非变法维新不可,而变法维新,又非从创办新教育不可。其忧时悲世之怀,完全出乎至诚。凡与之交者,莫不为之感动。

光绪二十三年,英人继德、俄之后,强租我威海卫,清廷力不能拒,允之。威海卫于甲午战时,为日人占据,至是交还,政府派通济轮前往接收,移交英国。其时苓适毕业于北洋水师学堂,在通济轮上服务,亲身参与其事,目睹国帜三易(按:接收时,先下日旗,后升国旗,隔一日,改悬英旗),悲愤填胸,深受刺戟!念国家积弱至此,苟不自强,奚以图存,而自强之道,端在教育。创办新教育,造就新人才,及苓将终身从事教育之救国志愿,即肇始于此时。

翌年,苓离船,接严先生之聘,主持严氏家塾。严先生与苓同受国难严重之刺戟,共发教育救国之宏愿,六年后(清光绪三十年十月),严氏家塾乃扩充为中学,此南开学校创立之缘起也。

二、办学目的

南开学校系因国难而产生,故其办学目的,旨在痛矫时弊,育才救国。窃以为我中华民族之大病,约有五端。首曰愚。千余年来,国人深中八股文之余毒,民性保守,不求进步;又教育不普及,人民多愚昧无知,缺乏科学知识,充满迷信观念。次曰弱。重文轻武,鄙弃劳动,鸦片之毒流行,早婚之害未除,因之民族体魄衰弱,民族志气消沉。三曰贫。科学不兴,灾荒迭见,生产力弱,生计艰难,加以政治腐败,贪污流行,民生经济,濒于破产。四曰散。两千年来,国人蛰伏于专制淫威之下,不善组织,不能团结,因此个人主义畸形发展,团体观念,极为薄弱,整个中华民族有如一盘散沙,而不悟聚则力强,散则力弱,分则易折,合则难摧之理。五曰私。此为中华民族之最大病根。国人自私心太重,公德心太弱,所见所谋,短小浅近,只顾眼前,忽视将来,知有个人,不知团体。其流弊所及,遂至民族思想缺乏,国家观念薄弱,良可慨也。

上述五病,实为我民族衰弱招侮之主因。苓有见及此,深感国家缺乏积极奋发,振作有为之人才,故追随严范孙先生,倡导教育救国,创办南开学校。其消极目的,在矫正上述民族五病;其积极目的,为培育救国建国人才,以雪国耻,以图自强。

三、训练方针

南开学校为实现教育救国之目的,对于学生训练方针,特注意下列五点。

一曰重视体育。强国必先强种,强种必先强身。国民体魄衰弱,精神萎靡,工作效率低落,服务年龄短促,原因固属多端,要以国人不重体育为其主要原因。南开学校自成立以来,即以重视体育为国人倡,以期个个学生有坚强之体魄,及健全之精神,故对于体育设备,运动场地,力求完善;体育组织,运动比赛,力求普遍。学生先后参加华北、全国及远东运动会者,均有良好之成绩表现。但苓提倡运动目的,不仅在学校而在社会;不仅在少数选手,而在全体学生。学生在校,固应有良好运动习惯;学生出校,亦应能促进社会运动风气。少数学生之运动技术,固应提高;全体学生之身体锻炼,尤应注意。最要者学校体育不仅在技术之专长,尤重在体德之兼进,体与育并重,庶不致发生流弊。故体育道德,及运动精神,尤三致意焉。

二曰提倡科学。我国科学不发达,物质文明远不如人。故苓当办学之初,即竭力提倡科学,其目的在开通民智,破除迷信,借以引起国人对于科学研究之兴趣,促进物质文明之发达。今者科学与国防建设发生密切之关系,无科学无国防,无国防无国家,愈见提倡科学之重要。惟是科学精神,不重玄想而重观察,不重讲解而重实验,观察与实验,又需有充分之设备。南开学校在成立之初,苓即从日本购回理化仪器多种,其后历年添置,令学生人人亲手从事实验。犹忆民国初年,美国哈佛大学校长伊利奥①(Dr. Elliot)博士来校参观,见中学有如此设施,深为赞许。盖以尔时中学内有实验设备者,尚不多觏也。

三曰团体组织。国人团结力薄弱,精神涣散,原因在不能合作,与无组织能力。因此学校对于学生课外组织,团体活动,无不协力赞助,

---

① 今译埃利奥特。

切实倡导,使学生多有练习做事,参加活动之机会。而苓所竭力提倡之各种课外活动,有下列数种。

学术研究。如东北研究会、天津研究会、科学研究会、数学研究会,以及政治经济研究会等,以大自然为教室,以全社会为教本,利用活的材料,来充实学生之知识,扩大学生之眼界。

讲演。演讲目的,在练习学生说话之技术,与发表思想之能力,并可进为推行民主政治之准备。其组织,或以年别,或以组分;其训练,由学校聘请有研究有兴趣之教员,为其导师。平时充分练习,定期公开比赛,其优胜者,则由学校加以奖励。

出版。学校为训练学生写作之能力,增加学生发表思想之机会,自始即鼓励学生编辑刊物,会有会刊,校有校刊,或以周,或以季,种类甚多,于彼此观摩之中,寓公开竞赛之意。以是南开学校并未设有新闻学课程,亦未添设新闻学科系,但毕业校友之服务新闻界、通讯社,以及文化团体而卓有成绩者,为数尚不少。

新剧。南开提倡新剧,早在宣统元年(一九〇九年)。最初目的,仅在借演剧以练习演说,改良社会,及后方作纯艺术之研究。南开话剧第一次出台公演者,为《用非所学》一剧,由苓主编,亦由苓导演。继则由今中央委员时子周君,前政治部副部长周恩来君,及本校职员伉乃如①君等,合力编演《一元钱》《新少年》《一念差》及《新村正》等。每次出演,成绩至佳。其后张彭春君自美归国,负责指导编译名剧多种,亲自精心导演。当《国民公敌》《娜拉》及《争强》诸剧演出之时,艺术高超,大受观众欢迎。当时出演者,有今名编剧家万家宝(曹禺)君。而南开新剧团之名,已广播于海内矣。

音乐研究会。南开提倡音乐,远在光绪三十一年(一九〇五年)。当时设备不全,仅有军乐一项。其后会员增加,设备充实,增添口琴、

---

① 伉乃如(1891—1947),名文翰。南开中学化学教员、校长秘书,南开大学注册课主任。终身服务南开,为张伯苓得力助手,与喻传鉴、华午晴、孟琴襄(事务主任)并称四大金刚。

提琴、钢琴及大提琴诸组。今名音乐家金律声①先生,亦导师之一。前后举行演奏会多次,成绩甚为美满。

体育。南开重视体育,提倡体育组织,提高普及,均所注重。除田径外,并辅导学生组织各项球队,如篮球、足球、棒球、排球、网球等,而尤以篮球队为国人所称羡。当时曾有南开五虎将之称,所向无敌,执全国篮球界之牛耳。其时负责教练者,即今名体育家董守义②先生也。

社团。南开学校为训练学生做事能力,服务精神,并培养社会领袖人才起见,鼓励学生自动组织各种社团,通力合作,团结负责。当年最早成立之学生社团,有自治励学会,由今中学部主任喻传鉴君主持之;有敬业乐群会,由周恩来君主持之。此外并有青年会,专以研究基督教义为任务,由张信天君主持之。皆各有定期出版刊物,彼此观摩竞赛,工作成绩颇足称道。

四曰道德训练。教育为改造个人之工具,但教育范围,绝对不可限于书本教育、知识教育,而应特别注重于人格教育、道德教育。是以苓当学校之初期,每于星期三课后,召集全体训话,名为修身班。阐述行己处世之方,及求学爱国之道,语多警惕,学生颇能服膺勿失。

苓鉴于民族精神颓废,个人习惯不良,欲力矫此弊,乃将饮酒、赌博、冶游、吸烟、早婚等事,悬为厉禁,犯者退学,绝不宽假。在校门侧,悬一大镜,镜旁镌有镜箴,俾学生出入,知所儆戒。箴词为:"面必净,发必理,衣必整,纽必结;头容正,肩容平,胸容宽,背容直;气象:勿傲,勿暴,勿怠;颜色:宜和,宜静,宜庄。"此与现时新生活运动所倡导者,若合符节。犹忆美国哈佛大学校长伊利奥博士来校参观,见南开学生仪态与在他校所见者不同,特加询问。苓乃引渠至镜旁,将镜上箴词,详加解释,伊始了然。后伊归国,告其邦人,罗氏基金团且派员来校摄影,寄回美国,刊诸报端,加以谀词。盖以当时国人对于国民体魄,身体姿势,其少注意矫正之故也。

---

① 金律声,本名恒载,满族。著名音乐家。
② 董守义(1895—1978),体育活动家和教育家。新中国成立前,曾四次参加奥运会,为国际奥委会委员。

五曰培养救国力量。南开学校系受外侮刺激而产生,故教育目的,旨在雪耻图存;训练方法,重在读书救国。关于国际形势,世界大事,及中国积弱之由,与夫所以救济之方,时对学生剀切训话,借以灌输民族意识,及增强国家观念。但爱国可以出乎热情,救国必须依靠力量。学生在求学时代,必须充分准备救国能力,在服务时期,必须真切实行救国志愿,有爱国之心,兼有救国之力,然后始可实现救国之宏愿。在平津陷落以前,华北学生之爱国运动,大半由我南开学生所领导,因此深遭日人之嫉恨。后此我南开津校之惨遭炸毁,此殆其一因。

上述五项训练,一以"公能"二字为依归,目的在培养学生爱国爱群之公德,与夫服务社会之能力。故本校成立之初,即揭橥公能二义,作为校训。惟公故能化私,化散,爱护团体,有为公牺牲之精神;惟能故能去愚,去弱,团结合作,有为公服务之能力。此五项基本训练,以公能校训为指导原则,而公能校训,必赖此基本训练,方得实现。分之为五项训练,合之则公能二义。允公允能,足以治民族之大病,造建国之人才。四十年来,我南开学校之训练,目标一贯,方法一致,根据教育理想,制定训练方案,彻底实施,认真推行,深信必能实现预期之效果,收到良好之成绩也。

四、学校略史

南开学校成立于光绪三十年,但在学校成立以前,尚有六年之胚胎时期,即严、王两馆是也。此六年之胚胎时期若与南开四十年之历史合并计算,则南开学校已有四十六年之历史矣!此四十六年之历史可以分为四大时期,即一胚胎时期,二创业时期,三发展时期,及四继兴时期。兹分述如次。

胚胎时期(清光绪二十四年至三十年)
严、王二馆之成立

光绪二十四年,严范孙先生设立家塾,聘苓主讲,以英、算、理、化诸科,时号称西学,教其子侄,有学生五人。其后三年,邑绅王奎章亦聘苓教其子弟,有学生六人,取名王馆,盖所以别于严馆也。苓每日上午课严馆,下午课王馆,如是六年,迄于南开学校之成立。本期由严馆

(光绪二十四年)而中学(光绪三十年),为期较短,发展亦少,是为南开之胚胎时期。

创业时期(清光绪三十年至民国八年)
中学之成立及其发展

光绪三十年,苓与严范孙先生东渡日本,考察教育。知彼邦富强,实由于教育之振兴,益信欲救中国,须从教育着手,而中学居小学与大学之间,为培养救国干部人才之重要阶段,决定先行创办中学,徐图扩充。归国后,即将严、王两馆合并,并招收新生,正式成立中学。校舍在严宅偏院,教室仅有小室数椽,学生七十余人,教员三四人,实一规模狭小、设备未完之南开雏型也。当时校名,初称私立中学堂,后易名敬业中学堂,旋复改称私立第一中学堂,因私人设立之中学,尚有数处也。中学成立后之四年,学生人数大增,以校舍逼仄,不能容纳,得邑绅郑菊如①先生捐城西南名南开地十亩,为校址,遂筹募经费,起建校舍。是年秋,乃由严宅迁入新校舍,校名改称南开中学,盖以地名也。

宣统三年,天津客籍学堂与长芦中学堂并入本校,学生人数增至五百人。

民国三年,直隶工业专门与法政学校两附属中学,亦归并本校,于是学生益多。四年,徇中学毕业生之请求,增设英语专门科。翌年,复设专门部及高等师范科各一班。卒因经费困难,人才缺乏,致先后停办。六年,中学日形发达,学生满千人。苓以办理高等教育,两次失败,深感办学之困难,乃于是年秋,第二次渡美,入哥伦比亚大学师范学院研究教育,并考察其国内私立大学教育之组织及其发展,为将来重办大学之借镜。七年冬,与严范孙、范静生、孙子文②诸先生偕同归国,一方竭力充实中学,一方开始筹办大学。南开历史,从此乃进入于大学发展时期矣。

中学在此时期中,年年有新发展。如购置新地,建筑新舍,几无年

---

① 即郑炳勋(1866—1954),南开校董。
② 即孙凤藻(1884—1932),南开校董。

无之。虽经费时感拮据,多承徐前大总统菊人,陈前直隶总督小石①,朱前巡按使经白,与刘前民政长仲鲁诸先生,或则拨助常年经费,或则补助建筑费用,倡导教育,殊深感激!严范孙、王奎章二先生之捐助常年经费,郑菊如先生之捐助南开地亩,以及袁慰亭②、严子均③二先生等捐资起建校舍,均于南开学校基础之奠定,有莫大之助力也。

此期自中学创始(光绪三十年)至大学成立(民国八年),共十有五年。中心工作在发展中学,筹办大学。中间虽历经艰难挫折,仍能日在发展长进之中,可称为南开发轫时期,亦可称为南开之创业时期。

发展时期(民国八年至民国二十六年)

大学部之成立及其发展,中学部之继续扩充,重庆南渝中学之创立

民国七年冬,苓自美归国,一志创办大学,得前大总统徐公、黎公,及李秀山先生之赞助,遂于八年春,建大学讲室于中学之南端隙地。是年秋,校舍落成,招生百余人,设文理商三科,于是大学部正式成立。九年,李秀山先生捐助遗产五十万为大学基金。十年,李组绅④先生捐助矿科经费,于是大学又增设矿科。十一年,在八里台得地七百余亩,起建新校舍。翌年,迁入。至是南开学校分为两部——中学部、大学部,全校学生合计一千八百人。十二年秋,因天津各小学毕业生之请求,添设女中部,招收学生八十余人,租用民房开学。于是南开学校扩充为三部——中学部、大学部、女中部,学生又多增百余人。

十六年,苓以日寇觊觎东北甚急,特赴东北四省视察。归校后组织东北研究会,并派员前往实地调查,搜集资料,借资研究,于是南开学校,深受日人之嫉视。

十七年,增设小学部,聘请美人阮芝仪⑤博士为实验导师,从事设计教学法之实验。

---

① 即陈夔龙(1857—1948)。
② 即袁世凯(1859—1916)。
③ 严子均(1872—1931),企业家,严氏三姐妹之父。
④ 李组绅,南开校董。
⑤ 阮芝仪,克伯屈的学生。

大学成立既数年,基础渐固,设备亦渐臻充实。为提高学术研究,并造就人才计,二十年,添设经济研究所,二十一年,设立化学研究所。二者除调查研究外,并着重于专门技术之训练。至是南开学校扩充为五部——中学部、大学部、女中部、小学部、研究所,学生总数乃达三千人矣。

二十四年冬,苓赴四川考察教育。深感津校事业,仅能维持现状,而川地教育,尚可积极发展,且华北局势,危急万状,一旦有变,学校必不保。为谋南开事业推广计,并为谋教育工作不因时局变化而中断计,决意在川设立分校。于二十五年秋,招生开学。于是南开学校在重庆复增设一部。

此期学校各部颇多进展,经费之需要甚巨,各方面人士热烈赞助,慷慨解囊者亦至多。在大学部,有李秀山、袁述之、卢木斋、陈芝琴①、李组绅、傅宜生②、李典臣③、吴达诠诸先生,以及美国罗氏基金团等,或慨捐基金,或资助常费,或出资建筑校舍,或解囊充实图书。尤以吴达诠先生所发起之南大学生奖助金运动,每生年得奖助金三百元,名额约三四十人,于清寒学生嘉惠尤多。在中学部,则有中华教育文化基金委员会之奖助经费,章瑞庭④先生之独捐巨款建筑大礼堂,蔚为中学部最庄严最宏丽之建筑。而校友总会发起募捐运动,建筑科学馆,及奖助学生基金,成绩尤为圆满。至捐助女中及小学建筑经费者,此期有张仲平、王心容二先生;补助大学经济研究所常年经费者,则有美国罗氏基金团。

重庆南渝中学捐助开办费者,主席蒋公为第一人。其后有刘甫澄、吴受彤、康心如、陈芝琴与范旭东⑤诸先生,捐助建筑费及仪器图书等。凡上所举,皆荦荦大者,其他热心捐助者为数尚多,不及备举,

---

① 陈芝琴(？—1947),天津基督教青年会董事,洋行买办。
② 即傅作义(1895—1974)。
③ 李典臣,藏书家。
④ 章瑞庭(1878—1944),南开校董。
⑤ 范旭东(1883—1945),本名源让,改名锐,以字行。范源濂弟。化工实业家,民族化学工业之父。

皆于南开学校各部之发展,赞助至多。此期工作,实可谓尽力大,收效亦至宏也。

继兴时期(民国二十五至三十三年)
津校之毁灭,渝校之继兴,复校之准备

本期自民国二十五年以迄于今,凡八年。在此期中,津校惨遭暴日炸毁,已不存在,重庆南开逐年发展,继续南开生命。继旧兴新,此期可称为南开之继兴时期,亦即南开再造之准备时期也。

民国二十六年,七七变作,平津沦陷。南开于七月二十九日及三十日,大部校舍惨被敌机轮番轰炸焚毁,是为国内教育文化机关之首遭牺牲者。时苓因公在京,以数十年惨淡经营之学校,毁于一时,闻耗大恸!时主席蒋公慰苓曰:南开为中国而牺牲,有中国即有南开,语至明断而诚恳。蒋公对南开之爱护备至,即此可见。苓深受感动,自当益加奋勉,〔为〕南开前途而努力也。

当津校被毁之日,我重庆南渝中学,成立已一周年矣。民国二十四年冬,苓游川,既决定设一中学,乃于翌年春,派员来渝,选购校址,督造校舍。首蒙今国府主席蒋公,慨捐巨款,补助开办费用,于是第一期校舍建筑,乃按预定计划完成。是年秋,招收新生二百余人,正式开学,命名为南渝中学,盖取南开在渝设校之意。二十五年秋,苓第二次入川,为学校筹募经费,组织董事会,聘请吴达诠、张岳军、吴受彤、刘航琛、康心如、何北衡、胡仲实、胡子昂、卢作孚诸先生为董事,又完成第二期校舍建筑计划。及后华北事变,津校被毁,而我南开学校,犹能屹立西南后方,弦诵弗辍,工作未断者,皆当年准备较早之故。社会一部人士,辄以为重庆南开学校,系于津变后而迁川者实误矣。惟因有南渝,津校一部员生,于平津战役序幕初展时,即相率南下,辗转来川,得照常工作,继续求学,而南开团体,得以维持不散,是则可谓不幸中之大幸也。

嗣后京沪沦陷,各校仓卒迁川,痛苦万状。佥以南开学校于战前早有准备,树立基础,深为称羡,一致誉苓眼光远大,有先见之明。其实华北之岌岌可危,暴日之必然蠢动,举国皆知。不过苓认识日本较

切,而南开校址又接近日本兵营,倘有变,津校之必不能保,自在意中,故乃早事准备,及时行动耳。(略)

南开大学被毁后,教育部命与北京大学及清华大学合并迁往长沙,称临时大学,后复迁至昆明,改称西南联大。苓与蒋梦麟及梅贻琦二校长共任常委,彼此通力合作,和衷共济,今西南联大已成为国内最负盛誉之学府矣。

二十七年,校友总会建议南渝更名南开,以示南开学校之生命并未中断,乃将南渝中学更名为重庆南开中学。是年因战区学生来川者纷请入校,学生人数增至一千五百余人。

二十八年,南开大学经济研究所在重庆复课,招收研究生十人,正式开始工作。

二十九年,重庆南开临时小学成立,学生百余人。

自二十八年至三十年,首都受敌机威胁,惨遭轰炸,即教育机关亦难幸免。本校三次被敌机投弹,而以三十年八月为最烈。敌机以南开为目标,投落巨弹三十余枚,一部校舍或直接中弹,或震动被毁,损失颇巨,但事后即行修复。敌机威胁虽重,学校工作初(终)不因之停顿。

三十三年,校友总会发起募集伯苓四七奖助基金运动,成绩美满,募得六百余万元。是年特设清寒优秀学生免费学额多名,青年学子受惠至大。

现在国运好转,胜利在望,建国治国,需才孔多。将来全国复员时,苓誓为南开复校。地点仍在天津,大学必设八里台,科系须增加;中学仍在旧址,力求设备充实;在北平及长春两地,并拟各设中学一所;至重庆南开,则仍继续办理。将来各地中学学生,经过严格基本训练后,再择优选送大学再求深造,定可为国家培养真正有用之人才。至于复校详细计划,尚在缜密研讨之中,惟念南开得有元首之奖掖,邦人之提携,将来复校工作,前途绝对乐观,可断言也。

总上所述,南开学校四十年来,由私塾而中学而大学,由全盛而毁灭而继兴,中间经过多少困难,经过多少挫折,但复校之志愿未偿,南开之前途正远。兴念及此,不禁感慨系之!

五、检讨工作

南开四十年，不敢自诩成功，但征诸各方对南开之反应，实予苓以莫大之鼓励。兹分述之。

学生成绩。南开创立，历史较久，学生亦众，且多优秀青年，任选任拔，以教以育，此实为我南开学校特具之优越条件，因此教学易而收效宏，费时少而成就多。出校校友，现在政府各部门、社会各阶层中服务者，为数亦至众。举凡党政外交，陆空部队，交通电信，以及教育、新闻、戏剧、电影各界，无不有我校友厕身其间。其服务能力，负责精神，有足多者，以故社会人士时予好评，而政府长官亦深加器重。以学生成绩论，南开教育似已稍著成效，并已得社会之承认也。

社会信仰。南开学校历年来深得社会之信任与重视。家长每欲送其子女来南开，谓得入南开，便可放心。以是每次招考，报名者辄四五千人，而取录有限，欲入者众，学校每苦无以应付。学校每有所求，又深得学生家长与社会各方之赞助。在津有三六、三七两次募款，成绩均至佳。而今春校友总会发起之伯苓四七奖助基金运动，原定目标，为四十加七十，即一百一十万，取庆祝南开四十周年与苓七十生辰之意。继增至二百八十万元，后改为四百七十万元。最后结束时，总数竟超过六百万元，此实完全出乎吾人之意料，创造了国内教育捐款之最高新纪录。此一事实，足以验证社会人士对我南开有良好之反响与热烈之爱护。其所以能如此者，当由于吾人之工作，已深得社会人士之信任与重视耳。今后吾人更应如何加紧努力，加倍奋斗，以期无负社会之厚望也。

政府奖励。南开系私立学校，各部经费历年受政府之奖励补助至多。七七变后，南开被毁，承政府重视，命与北大、清华合并，为西南联大之一部。重庆南开，历年来参加毕业会考、大学升学考试、学生作业竞赛，均以成绩优美，屡受政府之褒奖与嘉勉。国际友人有来渝参观战时教育时，政府当局必令南开妥为招待，隐然认南开为中国战时中等教育之代表，实予学校以莫大之光荣。今年元旦国民政府以苓终身从事教育，为国造士，特颁一等景星勋章，深觉奖逾其分。然由此亦可证明政府对我南开教育之成就，寄以莫大之激励也。

六、发展原因

南开学校系私人经营之事业，经过四十年之奋斗，得有今日之发展，推厥原因，实有多端。例如吾人救国目标之正确，公能训练之适当，与夫学生之来源优秀，校风之纯良朴实，皆为我校发展之重大因素，而尤觉重要者，约有三点。

个人对教育之信心。苓于教育事业，极感兴趣，深具信心，故自誓终身为教育而努力。今服务南开，忽忽已四十年矣。忆昔北洋政府时代，武人专权，内战时起，学校遭遇之困难与挫折至多，深感政治不良，影响教育之苦。但苓艰苦奋斗，从不气馁。当十五六年之交，政府谬采虚声，拟畀苓以教育总长及天津市市长等职，因志在教育不在政治，均力辞不就，仍一心办理南开。因是个人事业赖此得以保全，而南开校务，亦因此而得发展。及今思之，犹有余欢。迨后北伐告成，国内统一，全国国民，在一个政府一个领袖之下，振奋团结，同心力强，实为我国五千年来未有之大团结。国运丕新，气象焕发，益信国家教育必能配合政治之进步，再以教育之力量推动政治，改进政治；更信南开教育事业，适应国家之要求，必能人才辈出，扶助国家，建设国家。此苓对教育之信心，亦多数同人所同抱之观念。是以数十年来孜孜矻矻，锲而不舍，卒有今日之小小成就。因个人对教育之信心，遂以促进南开教育事业之发展，此其一。

同人之负责合作。窃以筹办学校，厘定计划，其事易；至计划之如何求其全部实现，训练之如何求其发生效力，其事难。要非赖全体同人之负责合作，努力推动不为功。我南开同人，皆工作重，职务忙，待遇低薄，生活清苦，但念青年为民族之生命，教育为立国之大计，率能热心负责，通力合作。因此学校人事之更动少，计划之推行易，青年学生日处于此安定秩序，优美环境中，自必潜心默修，敦品励学，养成一种笃实好学之良好校风，因以增高学校教育之效果。此同人之负责合作，实有助于南开之发展者，此其二。

社会之提携与赞助。私人经营之教育事业，必得社会人士之赞助与提携，方能发育滋长，而南开学校自成立以至于今，得社会赞助之力尤独多。回忆四十年来，我南开津渝两校之发展，例如校地之捐助，校舍之建筑，校费之补助，以及图书仪器之扩充，奖助金额之设置等，无一非社会人士之赐。社会实可谓为南开之保姆，而南开实乃社会之产儿。过去南开发展，全赖社会之力，今后复校工作，更非赖社会人士之热烈赞助，加倍提携，决难望其顺利进行，圆满成功。一部南开发展史，实乃社会赞助之记录册也。此社会之提携赞助，有助于南开之发展者，此其三。

七、结论

南开学校四十年奋斗之史迹，略具于斯。当年创立，系受国难之刺戟，而办学目的，全在育才以救国。至于训练方针，在实施公能二义，借以治民族大病。回忆严馆成立之初，学生仅五人，中学成立时，亦仅七十三人。经过四十年之惨淡经营，教职员同人齐心协力，学生逐年增加，设备逐年扩充，至抗战前，大学、中学、女中、小学、研究所学生，超过三千人，而规模之宏大，设备之充实，在国人自办之私立学校中，尚不多觏。至重庆南开，创始于军兴之前，成长于抗战之中，规模设备，在后方各中学中，亦属仅见。盖南开过去，无时不在奋斗中，亦无时不在发展中，日新月异，自强不息，为我南开师生特有之精神。南开学校在过去，如何认为对于救国事业稍著微绩，则在将来，对于建国工作，定可多有贡献也。

苓行年七十矣，但体力尚健，精神尚佳，不敢言老。今后为南开，为国家，当更尽其余年，致力于教育及建国工作。南开一日不复兴，建国一日不完成，苓誓一日不退休，此可为我全体校友明白昭告者也。

兹值南开四十周年校庆之辰，回顾既往奋斗之史绩，展望未来复校之大业，前途远大，光明满目。南开之事业无止境，南开之发展无穷期。所望我同人同学，今后更当精诚团结，淬厉奋发，抱百折不回之精神，怀勇往直前之气概，齐心协力，携手并进，务使我南开学校，能与英国之牛津、剑桥,美国之哈佛、雅礼①并驾齐驱,东西称盛。是岂我南开一校一人之荣幸,实亦我华夏国家无疆之光辉也。

复校大业,千头万绪,工作至繁,需款尤多。届时苓拟另行发起募集南开复校基金运动,深望政府长官、社会人士,以及国际友人,仍本以往爱护之热忱,多予积极之援助。斯则苓于回顾南开四十年发展史迹之余,所馨香企祷,虔诚期待者也。

(载《南开四十周年纪念校庆特刊》)

---

① 即耶鲁大学。

致杨石先

(1945年7月3日)

石先先生惠鉴：

胜利在望，南大复校工作亟待进行。关于理学院各系教师，即烦先生及立夫先生积极物色。据估计，复校之时，数学系需三人至五人，物理系三人至五人，化学系三人至五人，生物系二人，如有优良人才，即乞负责接洽，全权办理。受聘者或参加联大，或从事研究，均无不可。我校待遇，在战时以联大为准则，战后则与北大、清华两校相等。先生与立夫先生在美期间想必时常通讯，凡两先生所同意者，苓亦必同意也。闻赴美即将成行，两载研究成就必多，可为预祝。① 回国之时，当在天津欢迎也。专此。敬候

旅祺

张伯苓　谨启
三十四年七月三日

（据南开大学档案馆藏张伯苓信草）

---

① 杨石先时任西南联大教务长，行将赴美访学；姜立夫时在美国普林斯顿大学高等研究院做研究员。

致蒋介石

(1945年8月)

窃南开学校成立逾四十年,幸赖政府扶持,社会赞助,薄具成绩。七七事变,天津沦陷,南开数十年惨淡经营之校舍、设备、图书、仪器,荡然全毁。伯苓于二十六年晋谒钧座,备承温语赐慰,并蒙训示:有中国即有南开,传谕师生,咸为感泣!今者胜利已临,还京有期,南开复校,急需筹划,而最要者乃为经费问题。按南开现与北大、清华合并为西南联大之一部,经常经费年来均承政府全数拨付。战事结束后,联大各部势必各自分立,恢复原校。关于南开部分,拟请求于政府者三事。

一、南开大学未来之发展,需费颇巨。在最初十年所需之款,拟请按照北大、清华经费数目,由政府拨付。

二、南开原有之校舍设备,均被敌人破坏无余,兹拟请政府就华北敌产中,指定相当财产,予以赔偿,并做学校永久基金。

三、上项敌产,在未能奉拨变价以前,并请准先由政府拨借相当款项,以便赶工兴建校舍,并积极进行复校工作。

上列三点,主旨在使南开由敌人侵略而毁灭者,得由敌人产业之赔偿而复兴。如荷核定,恳饬由行政院遵照办理。伯苓年事虽高,仍当竭其全力,重建南开,以符为国育才之私衷,上报钧座频年赐勉之至意。

谨呈
主席蒋

私立南开大学校长　张伯苓　谨呈
卅四年八月十一日

南开学校未来之计划[①]

(1945年10月17日)

经过此次大战,最要者为建国,而建国之基在教育。南开过去已对国家、社会有贡献,今后更当本南开之地位与声望,对国家、民族做更进一步之努力。南开大学将于明年暑前迁返津门,中学则在短时期内希望即能开课,将来计划重庆南开照旧维持,天津南开恢复旧观,此外在首都设立一处,长春设立一处,以尽吾人之职责。惟天津大、中、女、小四部校舍,均为敌寇摧毁,一切设备亦荡然无遗。复校工作至为艰巨,尚望诸位校友及社会各方人士多方协助,使南开各部不惟恢复旧观,且益将发扬光大之。

(载《南开校友》特刊)

---

① 本文系南开中学主任喻传鉴1945年自重庆返津时,代表张伯苓向记者作的长篇谈话的一部分。题目为编者所拟。

三件事①

(1946年12月23日)

第一件事,发展南开。我留沪五天,在南京五天,然后在天津住一月,因天津已九年多不去了。最后去重庆处理南开中学校务,约逗留二三星期,再回上海,这是第一个圈子。在沪拟办南开中学分校,故二月后返此,预备在此久居。

第二件事,致力体育。教育里没有了体育,教育就不完全。我觉得体育比什么都重要。我觉得不懂体育的,不应该当校长。英、美精神即是体育精神,民主政治亦即是体育精神。体验过体育中的竞争、团结、合作以后,推行民主政治要有力得多。

第三件事,中美文化。我除了发展南开,致力体育外,我所要做的第三事是中美文化协会的工作。中美两国是奠定世界永久和平的基石,彼此的关系太密切。文化合作,民间友谊的交流,我认为比外交政治还要重要。

(载《南开校友》第2号)

---

① 本文系张伯苓赴美治病返国后,与上海《新闻报》记者的谈话。题目为编者所拟。

中国前途极为光明[1]

(1947年3月19日)

四十九年前,因感于帝国主义之压迫,而决心从事教育。初与严范孙先生办学,学生不过五人,今日南开学生已不可胜计。中国经此次抗战,不平等条约终获解除,此即为余数十年前办学之目的。试想津市一地,以前即有八国租界之多,经第一次世界大战,仅收回俄、德、奥三租界。战前由南开大学至南开中学,尚须经过海光寺日军营,感触殊难尽述。醉生梦死者,或不感租界之不平等,唯有心为国者深知所受压迫,亦得知不平等条约解除后之快乐。

余并深信中国前途极为光明。盖中国人有智慧,能吃苦,并具有老文化。此老文化,与各国较,各有短长,我人决不能丢弃。(略)

至今日世界犹未至完全遵守公理之时期,故武力并非完全坏的东西,而在善于运用。如美国即具有最强大武力,然不以侵略为目的,是以有益于维持世界和平。

就国内言,亦政府拥有优势武力,然并未随意使用武力。故相信国内问题,亦总可获得解决。

总之,中国前途极为光明。惟大家毋自暴自弃,努力为之。只要一切安定,基础稳固,中国之发展定可一日千里。

(载1947年3月20日《大公报》)

---

[1] 本文系张伯苓在南开大学会晤前来欢迎的校友及新闻记者时的谈话。题目为编者所拟。

民主政治与南开的韧性和公能精神[①]

(1947年6月29日)

诸位同学,今天请诸位来的时间,原是三点半,我在前十五分来到,同学已到十分之七,仍是当年准时上班情形,恪守时刻,很是可喜!

今天请诸位来,缘于前几天我个人和几位校友谈过的一个意思,得到他们强烈的反应,所以请诸位来简单谈谈。

学校在津成立已四十三年。我办教育起于为国,过去受日本压迫甚大,才又在重庆设立一校。抗战时期,困难更多。胜利以后,又生出种种困难,天方放晴,忽又转阴。我想,南开是颓唐下去?我想南开一向是顶着向前干的,今日不许颓唐,仍要向上,继续顶着向前干下去!

现在是民主国家,要做民主政治工作,我们应从学校发祥地——天津做起。本市政治工作人员,嗣后将由选举方式产生,要选好人担任。我们身在天津,如选举不好,便身受其害。再说选举亦是我们的责任,希望大家不要放弃。民主政治给予大家选举权利,世界潮流亦是民主的,所以大家亦不应放弃,我们应该商议如何选举一切人物,如参议员、市长、立法委员、监察委员……这是请诸位来会的第一个意思。

另一个意思,今日现况,国内沉闷,世界沉闷。沉闷就是不动。我以为与其沉闷,不如动,动的就没有忧郁,颓唐就苦恼更多。南开一向顶着走,今日仍然要顶着向前走。今日虽然阴晦,将来一定光明。中

[①] 本文系张伯苓在南开女中礼堂召集在津校友举行茶话会时的致辞。题目为编者所拟。

国人最多，聪明智巧；地大，物虽不博而丰富，建国很容易。所以大家不要颓唐，不要苦闷，要提起精神来高高兴兴地做事。

再说，天津各团体召集几百人在同一目标参与民主工作很不容易，但南开出校同学团结起来，一定发生很大的效力。现在我们先从选举参议员入手。

我们参加选举，要仍本着南开公能精神，要选肯负责能做事的人出来任事。我的意思绝不是要大家选举某某人，更不是要造成一个机会给任何人运用。我请大家来，目的是使大家注意政治，选举好人。这个意思我曾和几位校友谈起，都很以为然。所以我们要组织公能学会，实现这种理想。

我国人从不干涉政治，以往我亦如此，但现在须要干涉政治。今天你不干涉它，它会来干涉你，政治不良，便身受其害。我们参加选举，不是竞选，不是争地位，目的是要选举贤能出来担任工作，这是选举的良好的真正意义。我们成立这个会，志在选举好的人出来做事，不是已谋其位，这是公；要能择贤选能，让他为大家做事，这是能。津市政治，至少能维持今日状况，甚且必能更有进步，这是我的一点小意思。

（载《南开校友》复刊第 5 号）

世界·中国·南开

(1947年7月24日)

本人最近第四次由美返国,各方友好及南开同学,每以世界现势、中国前途及南开复兴三事见询,兹简述所感如下。

本人自认是一个乐观者,南开同学又替我起过一个诨名,叫不可救药的乐观者。但我的乐观是有根据、有理由的。

古人说,鉴往知来,历史是未来的一面镜子。我们从人类的经济生活上看,撇开原始的社会形态不谈,封建制度是给资本主义制度清算了的,现在又有社会主义制度出来清算资本主义制度了。从人类的政治生活上看,与封建制度相配合的,是专制的政体;自从资本主义制度兴起,有些国家实行君主立宪,有些国家改为共和政体。尽管像德国、日本和意大利,这些国家实行法西斯蒂独裁政治,想把前进的历史拉回几十年,然而,事实俱在,暴力是扭不转历史发展的法则的。

历史发展的路线,尽管迂回曲折,但终结的方向是自由平等与幸福。第二次世界大战结束迄今,已有一年又五个月,反法西斯蒂阵营中的反动分子,竟师承法西斯蒂的故技,或向弱小民族施虐,或在制造三次大战。然而,这股逆流在全世界爱好和平与民主的人士之前,也就在浩浩荡荡主潮之前,已经渐渐低头了。

第一次世界大战的结束,产生新的苏联;第二次世界大战的结束,应该产生新的中国。中国的政治哲学,根据《大学》上一句话是"修身,齐家,治国,平天下"。现在,世界向寻求永久和平的路上走,天下可望日臻太平,正是我们治国的大好机会,千载难逢,不可再矣!

最后一言南开。南开大学现改为国立,限期十年,期满仍改私立。

本人办学，为的就是国家。南开在津校舍于七七事变后为敌机全部轰毁，当时本人在京，面谒蒋先生报告学校遭难情形，蒋先生说：南开为国而牺牲，有中国即有南开。现在抗战胜利，南开暂时改为国立，正表示国家对南开负责。南开中学还是私立的，一、二两分校设成都与昆明，最近计划在上海添办南开第三中学。至于第四中学，拟设在东北，在敌人实施奴化教育达十四年之久的地方办学，意义特别深长。

南开同学及各方友好最近问我，究竟要办几个南开中学，我的答复是简简单单六个大字：一直办到我死。四十多年以来，我好像一块石头，在崎岖不平的路上向前滚，不敢做片刻停留。南开在最困难的时候，八里台笼罩在愁云惨雾中，甚至每个小树好像在向我哭，我也还咬紧牙关未停一步。一块石头只需不断地滚，至少沾不上苔霉。我深信石头愈滚愈圆，路也愈走愈宽的。

（载《南开周刊》复刊第 5 号）

致张彭春

(1947年12月5日)

九弟如晤：

昨接电报知杨石先业已回国，甚为喜慰。兹将一切状况详述于后。

学校现有文理商工四院，学生一千二百余人。文理工均在八里台，商学院及先修班在旧日租界迪化道东院，住有学生六百余人。六里台北院住学生四百余人。女生百余人分住芝琴楼及东院。经济及化工两研究所已奉准恢复。本年教授延聘颇为整齐，尤以化工系为最。自改国立以后，经济方面兄之负担减轻，可以稍息心力。校舍修缮工程迄今未停，用款数十亿元，均由国库支给。虽以各地学潮影响，学生情绪不安，经各教授极力劝导，并以学术讲演转移其思想，最近已告平稳。中学男女两校学生一千一百余人，女校本学期迁入甘肃路校舍(旧日本松岛女高)，一切均有进展。惟陈芝琴先生于九月二十九日仙逝，老友先亡，至甚伤恸，不惟失一知己，且生前对大中两校及重庆南开多所捐赠，实令人思念无已。中学主任丁辅仁①突于十月一日以心脏扩大症故去。复校以来，对于收回校址，扩充校舍，接收物资，恢复建设，多赖辅仁努力。一旦溘逝，诚为学校一大损失。讵意伉乃如又于十月二十八日相继身故。同事三十余年，竟先我而去，追念往昔，能勿凄然！兄两月之间遽失三友，虽伤痛异常，而念及人生事业如能常久存在，可谓精神不死，尚能勉作达观。传鉴因辅仁之逝，来津四十

---

① 丁辅仁(1886—1965)，南开中学主任，张伯苓的得力助手。精书法、金石。

日,昨始回渝。渝校现有学生一千九百余人,一切均有进展。(略)

　　自今春返津以后,全眷由渝飞津,先在南海路暂居,上月移至南关大街二六八号宁家大楼,此房为校友宁君谦捐赠,经修理后迁入居住。五嫂①身体亦健,移居劳累,虽患脚肿,近已痊愈。希陆现调北平大中银行经理,儿女在津上学。锡羊供职公用局,亦能勤慎自爱。锡祚与兄同居。因今年闰月为五嫂制作寿衣,绣花材料极佳,颇为五嫂所喜。三妹②仍在渝,桂官上月订婚,三妹儿女五人婚嫁大事已完,晚境可称顺适。兄自美归后,即注意休养,现已逐渐恢复。前为芝琴先生送殓哭泣之后,为风寒所中,致患急性肺炎,经医用盘尼西林注射三四十次始愈。近日自觉精神甚佳,虽遇冬雪,亦不觉冷,如非身体复原,即系药物之力,深为欣慰。

　　前者曾保诒来津接眷,曾买地毯带去,嗣丁大夫处送来蓝色地毯三块,云系吾弟所存,以后遇便再为寄美。吾弟近况如何,几时可以回国?尚望详以告我。闻曾君言,侄辈功课极佳,兄实为之欣慰不置也。专此。即问

近好

弟妹及侄辈好

兄　苓　手启
一九四七年十二月五日

　　　　　　　　　　(据南开大学档案馆藏张伯苓信草)

---

　　① 指张伯苓妻王淑贞。张母婚后不孕,至天后宫请娃娃大哥一个,因见邻家男孩大柱、二柱可爱,遂名之为三柱,其后生儿育女,即据以排行。张伯苓小名五柱,长大后人称五爷,故其妻为五嫂。

　　② 指张祝春。

致商震①

(1948年2月25日)

启予先生大鉴：

久疏笺候，驰念骛劳。辰维台候，清嘉为颂。兹有恳者，敝校于抗战期内，被日寇盗去大钟一口，重一万三千余斤。此钟具有历史价值，系德国克虏伯厂制，赠李文忠②公寿辰纪念，铸有全部《金刚经》文。李公施于海光寺。庚子之乱，曾为英军取做警钟。嗣经该寺下院收回，捐赠南开，作为校钟。不幸竟为日寇盗去，深堪惋惜。近闻在日发现掠夺我国文物甚多，特函奉达，仰恳鼎力转嘱调查人员代为详细搜访。倘使此历史之古钟原璧返还，岂惟敝校之幸，亦中华文物之光也。如何之处，并乞
台绥

张伯苓　拜启
一九四八年二月二十五日

（据南开大学档案馆藏张伯苓信草）

---

① 商震(1888—1978)，字启予。时任中国驻日本军事代表团团长。
② 即李鸿章(1823—1901)。

遗嘱①

(1951年2月23日)

一八九七年,余愤于帝国主义之侵略,因严范孙先生之启发,从事教育,五十年来,矢志未渝。凡余所尝致力而未逮之科学教育、健康教育、爱国教育,以允公允能,日新月异,与我同学共勉者,今将在人民政府之下,一一见诸实施。余所尝效力之南开大学、南开中学、重庆南开中学,在人民政府之下,亦将积极改造,迅速发展。今日之人民政府为中国前所未有之廉洁良好政府,其发展生产、友好苏联之政策,实为高瞻远瞩,英明正确之政策。凡我友好同学,尤宜竭尽所能,合群团结,为公为国,拥护人民政府,以建设富强康乐之新中国。无限光明远景,余将含笑待之。友好同学,务共努力。

张伯苓
一九五一年二月二十三日

(载1951年2月26日《天津日报》)

---

① 张伯苓于1951年2月23日18时30分在天津病逝。《天津日报》以《前南开学校校长张伯苓病逝,遗嘱友好同学拥护人民政府》为题,全文发表了其遗嘱。